_______________________ 님께

재테크 성공의 꿈과 희망을 품고

똑똑한 바보들의 신나는 재테크를 통해

앞날에 성공과 행복이 가득하시길 바라며

_______________________ 드림

똑똑한 바보들의 신나는 재테크

똑똑한 바보들의 신나는 재테크

초판 1쇄 인쇄 2008년 5월 1일
초판 1쇄 발행 2008년 5월 13일

지은이 _ 이승호, 오종헌
펴낸이 _ 전익균

기획 _ 한성출판기획, 김미화
마케팅 _ 오정민, 김태욱   경영지원 _ 최정란
디자인 _ 이호영, 김희숙   교정, 교열 _ 이남경, 이미순

찍은곳 _ 예림인쇄   출력 _ 스크린   제본 _ 바다제책

펴낸곳 _ 에이원북스
주소 _ 서울 강남구 역삼동 723-28 영빌딩 1, 2층
전화 _ 02-3442-4393~4   팩스 _ 02-3442-6771
e-mail _ aonebooks@hanmail.net   홈페이지 _ www.assetclass.co.kr
등록번호 _ 제16-4043호   등록일자 _ 2006. 11. 28

값 9,000원

ISBN 978-89-92873-20-8 (03320)

똑똑한 바보들의

신나는 재테크

이승호 · 오종헌 공저

AONEBOOKS 에이원북스

이 책의 원고를 마무리 했던 시점은 2007년 중순 즈음이었다. 그동안 1년이 채 안 되는 시간이었지만, 참으로 많은 일들이 일어났다. 대한민국의 새로운 대통령이 선출되었으며, 세계 최고임을 자랑하던 미국이 신용경색의 늪에서 신흥국가들의 국부 펀드로부터 자금 지원을 받게 되는 망신(?)을 당하기도 하였다. 떨어질 것 같지 않던 중국의 높은 주가도 고점 대비 절반 수준까지 내려오게 되었으며, 한국을 대표하는 그룹의 총수가 특검 조사를 받는 사건도 일어났다. 이런 큼직한 사건이 생기면 경제 기자와 금융권 전문가들은 바쁘게 머리를 굴리기 시작한다. 대통령이 바뀌면 주식시장에는 좋은 것일까? 부동산 시장은 또 어떨까? 미국이 자금 지원을 받는다는데, 단기 호재일까 아니면 사태의 결말을 의미하는 것일까? 연일 이런 질문을 받고 답하고 언론 등을 통해서 많은 사람들에게 이야기를 들려주기도 한다.

이렇게 다소 급박하게 돌아가는 환경에서 개인 투자자들이 흔들리지 않는 것은 결코 쉬운 일이 아니다. 개인 투자자들 중에는 옆집 아주머니의 자랑에 배가 아파서 생전 처음 펀드 투자를 해본 아주머니도 있을 것이고, 같은 부서의 김 대리의 추천으로 듣도 보도 못한 기업의 주식을 사들인 직장인도 있을 것이다. 이 들에게 2007년 4/4분기부터 현재까지는 결코 심적으로 편치 않은 시기였을 것이다. 필자는 개인적으로 이런 분들에게 참 많은 이야기를 해주고 싶다. 필자의 이야기가 정답이니까, 이렇게 따르라는 것이 아니고, 이런 내용들도 있으니까 꼭 알아두라는 의미다. 다양한 강의와 필진 활동으로 재테크에 대해 나름 많이 알렸다고 생각하지만, 적립식 펀드를 하는 고객이 증시 빠진다고 펀드 안 하면 안되겠냐고 조심스레 물어 보면 가슴이 참 답답해지면서 '등잔 밑이 어둡네' 라고 혼잣말을 한다.

운전을 하기 위해서는 신호 체계도 알아야 하고, 법규도 숙지하고 있어야 하며, 본인 차량의 특성도 잘 파악하고 있어야 한다. 재테크도 마찬가지다. 기본적인 내용들을 알고 있어야 본인의 재테크가 제대로 되고 있는 것인지, 또 어떤 상황이 발생하면 어떻게 대처를 해야 하는지에 대해서 판단을 내릴 수 있다. 투자라는 세계는 결코 만만치가 않다. 내로라하는 세계의 석학들도 풀지 못한 시장이며, 지금도 학교에서 경영, 경제, 수학 등으로 무장한 학사, 석사, 박사들이 졸업 후 이 분야에 뛰어 들었다가 쓸쓸하게 퇴장하는 이들도 많다. 어느 누구도 시장을 이길 수 있다고 자신 있게 말하기 힘든 시장을 상대하는 우리가 기본적인 지식이나 노력 없이 재테크에 성공을 하고 싶다고 생각하는 것은 과욕일 뿐이다.

이 책은 생각보다 많은 주제들을 다루었다. 와인을 다루나 싶더니 신용카드와 퇴직연금 이야기를 하고 있고, 주식 이야기를 하다가 지구 온난화 이야기까지 하고 있다. 어떻게 보면 책 내용이 산만하다고 생각할 수 있지만, 의미를 곱 씹어 보면서 일독하면 모든 내용들이 하나로 통한다는 것을 알 수 있을 것이다. 재테크에 있어서 정답이란 어쩌면 존재하지 않는지도 모른다. 과거와 달리 그만큼 재테크 분야가 폭 넓어졌고, 경제 환경도 우리가 한번도 경험하지 못했던 일들이 이슈화 될 정도로 얌전하지 않은 편이다.

서브 프라임 모기지 부실화 사태, 중국 올림픽을 앞두고 수많은 사람들이 중국 펀드에 열광했던 사건, 초원의 야생 동물만 연상시키던 아프리카나 미래의 유망한 투자처로 떠오르는 현 상황 등 과거 금융 시장이 단조로웠을 때는 상상도 못했던 일들이다. 따라서 이 책에서 이야기 하듯이 '이것이 좋을 것이다', '이런 내용이 있더라' 하는 정보가 틀릴 수도 있다. 그러나 이런 다양한 내용들을 되도록이면 객관화시키기 위해서 노력했다. 담고 싶었던 내용들이 많았던 반면에 독자들의 눈높이게 맞추기 위해서 어떤 부분은 과감하게 삭제하기도 했고, 어떤 부분은 지나칠 만큼 상세한 설명한 부분도 있다.

필자의 목적은 이 책을 통해서 조금이나마 독자들에게 도움이 되었으면 하는 간절한 마음이 있었지만, 원고를 마무리하는 지금 시점에서는 이제는 독자들의 판단만이 있을 뿐이다. 분명히 미흡한 내용들도 있을 것이고 독자들이 가려워하는 곳을 미쳐 긁어 주지 못한 것도 있을 것이다. 하지만 이 모든 것들을 넓은 아량으로 이해해주길 부탁드리는 바이다.

이 책을 읽고 있는 모든 독자 분들께 항상 웃음과 건강이 넘치는 행복한 가정이 함께하길 진심으로 바라며, 필자를 아끼고 사랑해주시는 모든 분들께 너무나 감사하다는 말씀을 드리고 싶다. 최고가 되기 이전에 최선을 다하는 모습으로 그 분들께 실망시키는 일이 없도록 할 것이며, 20대 신입사원 시절의 설렘과 열정, 그리고 패기는 평생 이어 나갈 것임을 약속 드리고 싶다.

끝으로 이 책을 마무리할 때 까지는 함께 가족같이 지냈던 한화

증권 서초PB센터의 이명희 지점장님과 그리운 직원 분들께 먼저 회사를 떠나게 되어서 죄송하다는 말씀과 그 동안 잘 대해주셔서 진심으로 감사하다는 말씀을 전하고 싶다.

2008년 4월 청담동 사무실에서

저자 **이승호** 올림

몇 년 전부터 전국적으로 재테크 열풍이 선풍적으로 불고 있다. 그 한 예로 요즘 서점에서 가장 잘 팔려나가는 책 중 재테크 서적이 큰 비중을 차지하고 있다는 사실에서 그 열풍을 짐작할 수 있다. 이제는 남녀노소 할 것 없이 모두가 돈 버는 법을 배우고 돈을 모으는 데에 열심인 것이다. 시대가 시대이니만큼 재테크에 관심을 갖는 것은 당연하다고 생각한다. 이미 여러 종류의 재테크 관련 책들이 출간되었지만 대부분 너무 지엽적인 내용들로 어렵게 씌어져 있어서 일반 독자들이 접근하는 데 어려움이 있을 것이라고 생각하여 이 책을 집필하게 되었다.

필자는 스물여덟 살의 나이에 보험영업을 처음 시작하게 되었다. 어려서부터 보험영업을 꼭 해야겠다는 꿈을 가지고 있었던 것도 아니고, 솔직히 말하자면 금융 쪽에 큰 관심을 가지고 있었던 것도 아니었다. 그렇게 시작한 보험영업 경력이 1년, 2년 차곡차곡 쌓이게 되었고, 그 시간동안 우리가 쉽게 볼 수 있는 주변의 다양한 사람들을 만나서 보험과 재테크에 관해서 많은 이야기들을 나누었다. 이런 과정에서 느낀 점은 겉으로 드러나는 재테크 열풍에 비해 제대로 재테크를 하고 있는 사람은 별로 없더라는 것과 사람들이 묻는 질문 중에 공통되는 것이 많더라는 것이다. 이 책에서는 그런 일반적인 사람들이 생활 속에서 궁금해 하고 바로 공감할 수 있는 재테크를 이야기하고자 한다.

이 책 한 권을 읽는다고 해서 재테크 전문가가 될 수는 없다. 더욱이 이 한 권의 책으로 뭔가 떼돈을 벌 수 있는 방법을 찾으려고 하는 독자들에게는 이 책이 지적 만족감을 채우지 못할 수도 있을 것이다. 다만, 재테크에 전혀 무관심했던 필자가 여러 사람들과의 만남을 통해 재테크에 관해 나눈 대화를 바탕으로 지식을 쌓은 것처럼 독자 여러분들도 재테크가 편하게 몸에 습관처럼 베어나길 바라는 바이다.

수십 년 무사고 운전사보다는 경력 1~2년 된 운전사가 초보운전자의 마음을 더 잘 이해할 수 있다고 생각한다. 아직 초보일 때의 두려움과 공포가 생생하고 초보자가 무엇을 원하는지 잘 알고 있기 때문이다. 필자는 이런 경력 1~2년차의 운전자와 같은 심정으로 책을 집필하였고, 이런 부분들이 독자들에게 가깝게 다가갔으면 하는 바람이다. 아무쪼록 이 책이 독자들에게 실생활에 유용한 재테크 정보를 제공함으로써 여러분 모두가 이 책을 통해 진정으로 행복한 부자가 될 수 있기를 진심으로 기원한다.

끝으로 보험영업을 시작하면서부터 오늘까지 언제나 지치지 않는 열정으로 신선한 정신적인 에너지를 주는 이 책의 공동저자인 이승호 PB에게 진심으로 감사하다는 말을 전하고 싶다.

2008년 4월 삼성동 사무실에서

오 종 헌 배상

차례

chapter 1 재테크 테크닉 가다듬기

chapter 2 재테크 마인드 바로잡기

똑똑한 바보들의 신나는 재테크

재테크 테크닉 가다듬기

투자의 시야를 넓혀라
투자의 경력이 수익을 결정하는 것은 아니다
주식은 한방이라고 믿다가 한방에 깡통 찬다
투자도 바겐세일 기간에 하라
펀드, 선택하는 고민만 하다 끝나려나?
안전성만 좇다가 원금 다 날린다

투자의 시야를 넓혀라

오래 전부터 와인을 취미생활로 즐기고 있는 변호사 김 씨는 국내에도 꽤 두터운 와인 마니아 층이 형성되어 있음을 알고 있었다. 그는 어느 날 출근길에 증권사 직원들이 와인펀드 출시 홍보물을 나눠주는 것을 보고 직접 펀드 상담을 받아보고 싶어졌다. 김 씨는 충분한 지식 없이 주식시장에 뛰어들었다가 번번히 손해만 본 터였고 대안이라고 생각하고 있던 부동산시장까지 침체라는 기사를 접하고 나니 이럴 바에는 그나마 전문적인 지식을 갖고 있는 와인 분야에 투자하는 게 낫겠다는 생각이 든 것이다.

최근 투자상품의 진화 속도는 과히 '광속' 이라 할 만큼 빠르게 변하고 있다. 상품의 종류부터 편입자산의 유형변화에 이르기까지 일반 투자자들에게 생소한 수많은 상품들이 소개되고 있다. 몇 년 전만 해도 연간 출시되는 이색상품의 수는 그리 많지 않았다. 지금은 널리 알려져 있는 선박펀드나 실물 부동산에 투자되는 부동산펀드 등을 대표적인 이색상품 사례로 들 수 있는데, 당시 이

펀드들은 안정적인 수익이나 세제 상의 혜택 등의 매력으로 큰 인기를 끌면서 조기에 마감되기도 했다.

하지만 자본시장의 호황과 맞물려 해외 펀드들의 연간수익률이 수십 퍼센트, 심지어는 100퍼센트가 넘어가는 경우까지 발생하다 보니 유동자금이 이러한 펀드에 집중되고 있다. 실질적으로 투자자들은 안정적인 수익이나 세제 상의 혜택보다 고수익을 더 선호한다는 사실을 간접적으로 증명하고 있는 셈이다.

사실 이색상품 출시는 금융기관의 선점 전략에 의한 것도 있지만 시대적 흐름에 따르는 경우가 많았다. 예를 들어 최근 출시된 와인펀드의 대표적인 지수인 리벡스 100(Liv-EX 100, London International Vintage Exchange 100 : 런던 국제빈티지거래소가 산정하는 것으로 100가지 와인의 가격을 가중 평균해서 만든 지수)을 들 수 있는데, 세계적인 금융정보 통신사인 블룸버그에서 상품가격지수 중 하나로 사용하고 있을 정도로 범용화되어 있다.

이 지수는 2006년 50% 가까이 상승한 데 이어 2007년 9월 말 현재 41.2%가 상승한 상태이다. 와인의 연평균수익률은 10~12% 정도로 추정하고 있는데, 중국, 러시아, 인도 등이 새로운 와인 소비시장으로 성장하고 있어서(산업연구원 자료에 따르면 2006년~2010년 사이

중국의 와인시장이 매년 32% 성장할 것으로 예상하고 있음) 과거에는 와인 마니아들이 와인시장을 형성했다면 이제는 투자자들이 새롭게 시장을 형성하고 있다.

미술품 투자 열기도 뜨겁다. 미술품은 가격형성원칙 중 하나인 '희소성'에 의해 거래가 이루어지는 상품이다. 사실 미술품에 대해서는 여러 가지 의견이 분분하다. 이미 시장이 과열되었다는 의견과 앞으로도 상승 랠리가 지속될 것이라는 의견이 팽팽하다. 미래에셋의 박현주 회장도 미술품에 대해 비관적인 견해를 지니며 돈벌이로 그림에 투자하는 것은 성공 확률이 낮다고 생각하는 사람 중 하나이다. 문제는 그가 주장한 내용을 뒷받침할 만한 객관적인 데이터가 없다는 것이다.

반면 미술품 투자를 긍정적으로 보는 사람들은 미술품 시장에 유입되는 유동자금의 속도에 주목하고 있다. 전 세계적으로 미술품에 대한 관심이 집중되면서 지속적으로 수조원에 달하는 돈이 이 시장에 몰리고 있다는 것이다. 멀리까지 갈 것 없이 우리나라의 미술품 시장만 보더라도 그 열기를 짐작할 수 있다. 미술품 경매시장에 주부나 회사원이 참여하는 경우도 많고 개인적으로 그림을 구매하여 집에 걸어 놓는 사람들도 늘어나고 있다.

한번은 모 은행 PB센터에 근무하는 선배가 미술품 재테크에 대해 재미있는 이야기를 해준 적이 있다. 아파트 가격상승으로 인해 10억을 호가하는 30~40평대 아파트를 찾는 것은 이제 어려운 일이 아닌데 그 집을 꾸미는 가전제품이나 인테리어제품들은 너무 뻔하다는 것이다. 10억이 넘는 집에서 사는 사람들이 집의 가치와 어울릴 만한 내부장식품을 고민하다가 찾게 되는 것이 바로 미술품이다. 점당 수억을 호가하는 블루칩 미술품보다는 수백 만원 정도의 옐로칩 미술품에 수요가 더 집중된다고 한다. 수요가 몰리니 앞으로 옐로칩 미술품의 가격은 더 상승할 것이다. 그 선배가 직접 우리나라 시장을 체험해 본 결과 거래 움직임이 활발했으며 실제로 미술품을 구입하여 꽤 짭짤한 수익을 보았다고 한다.

한편 원자재 관련 공모펀드도 곧 출시될 예정이다. 이는 국내 최초로 소개되는 실제 광물에 투자하는 펀드인데, 일종의 국가정책적 목적을 위해 만들어진 펀드이다. 만기는 11년이며 조기상환은 9.5년이 지나야 가능한 상품이다. 하지만 광업진흥공사 측에서는 선박펀드나 인프라펀드 등과 같이 주식처럼 거래가 가능하도록 상장할 계획도 가지고 있다.

이 펀드는 2,600억 원의 자금으로 세계3대 니켈광인 아프리카 마

[표 1-1] 이슈화되었던 이색펀드 사례

펀드명	특징
광물펀드	해외 광물자원 개발에 투자되는 펀드. 정책의 성격.
탄소펀드	온실가스 감축사업에 투자. 탄소 배출권 판매를 통해 수익 배분.
아트펀드	미술품 매매를 통한 수익 배분.
삼겹살펀드	돼지고기를 저가에 매입하여 비싼 시기에 되팔아 수익 배분.
항공기펀드	항공기를 매입하여 리스형태로 항공사에 대여 후 리스료 배분.
로봇펀드	로봇 기술 관련 기업에 투자.
대체에너지펀드	최근 고유가와 각국 정부들의 정책 추진에 힘입은 테마펀드.
뮤지컬펀드	해외 유명 뮤지컬을 국내에 들여와 공연수익을 배분.
한우펀드	송아지를 매입하여 사육한 후 판매.
외식프랜차이즈펀드	점포 임대를 통해 임대료 수입을 배분.

다가스카르 암바토비 광산 사업에 투자하는 펀드인데, 매출액 중 일정부분을 6개월 단위로 원금과 이자를 분할상환 받는다. 이 펀드 역시 다른 정책펀드들과 마찬가지로 세제혜택을 받을 수 있으며 '해외자원개발사업개정법'에 따라 투자규모가 3억 원 미만인 경우 2008년까지는 배당소득에 대해 비과세되며 2011년까지는 5.5%가 과세된다. 3억 원을 넘는 금액은 15.4%로 분리과세된다. 기대수익률은 9~16% 정도로 보고 있는데 수익 차원보다는 절세 및 자산분배 차원에서 접근하는 것이 유리하다. 최근의 니켈 가격급락이 펀드수익률에 영향을 줄 가능성이 있으며 원자재에 대해 생소한 일반 투자자들은 충분한 사전 투자정보를 파악한 후 투자를 결정해야 한다.

이 밖에도 토지개발, 농업, 축산업 등에 투자하는 농업펀드도 있다. 선풍적인 인기몰이를 했던 물펀드와는 달리 시장에서 주목을 받지 못했지만 물펀드보다 월등한 수익률을 자랑하면서 최근 농업 관련 업종의 호황 효과를 톡톡히 보고 있다. 아직은 공모화되어 판매되고 있지는 않지만 각종 메이저급 뮤지컬에 투자를 하는 뮤지컬펀드, 드라마나 영화에 투자하는 드라마펀드, 선박이나 비행기에 투자하는 선박펀드와 항공기펀드, 송아지에 투자하여 이를 상품화할 때 수익을 회수하는 한우펀드, 음식물 쓰레기 재활용 업체에 투자하는 쓰레기펀드, 이 외에 유전펀드, 외식프랜차이즈펀드, 삼겹살펀드, 탄소펀드, 로봇펀드에 이르기까지 우리가 보고 느끼고 맛보는 모든 대상들이 투자 가치가 있다고 판단되면 언제든지 상품화되고 있다.

1인당 국민소득이 3만 달러 수준에 달해야 나타난다는 원예 분재나 엔티크 가구, 우표, 화폐 등의 컬렉션 재테크의 움직임도 활발해지고 있다. 컬렉션 재테크는 개인의 취미생활과 재테크를 동시에 즐길 수 있다는 일거양득의 장점이 있지만 투자로서의 가치를 지니려면 매우 긴 시간을 기다려야 한다는 단점도 있다. 짧게는 5~10년, 길게는 세대를 건너뛰는 경우도 있기 때문에 환금성이 다른 투자자산들에 비해 급격히 떨어진다. 또한 해당 투자자산의 시장이 잘 형성

[표 1-2] 저명한 와인 평론가 로버트 파커(Robert Parker)의 와인 빈티지 차트

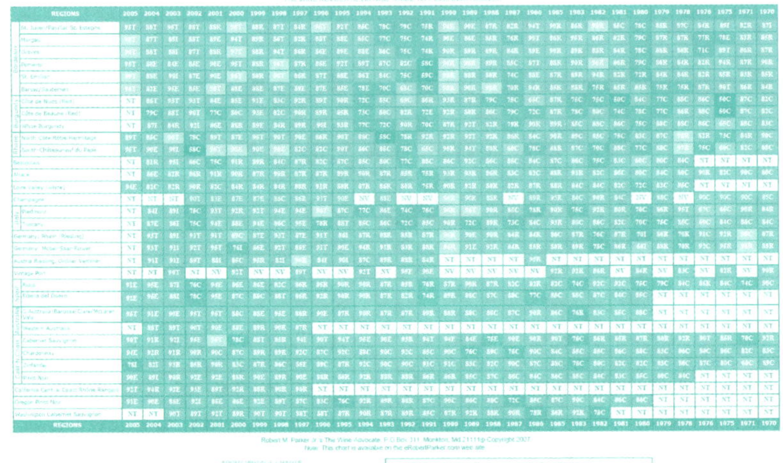

이 되어 있지 않은 경우에는 제 가격을 받기 힘들며 투자자 스스로
가 자산을 평가하는 안목을 갖추고 있어야 한다.

일정한 경제 수준에 도달한 선진국에서는 문화나 취미 생활에 대
한 욕구가 커짐에 따라 소위 마니아층이라고 불리는 소수 수요집단
이 다양하게 존재한다. 이들은 개인의 효용을 위해 소비를 하며 서
로 간에 수요가 발생하면 자연스레 거래시장을 형성하기도 한다.

실제로 우리나라에서도 고려시대나 조선시대의 화폐 등 고화폐
의 경매부터 우표, 시계, 보석, 분재, 수석 등의 경매에 이르기까지

소수 집단이 꾸준히 엔티크 제품에 대한 시장을 형성하고 있다. 채권왕으로 불리며 세계 최대의 채권펀드인 핌코(PIMCO, Pacific Investment Management Company)를 운용하는 빌 그로스(Bill Gross)도 우표수집의 달인으로 유명한데 그는 발행 당시의 우표값을 조사한 뒤 이후의 경제성장률을 가중 평균해 우표 가치를 따질 만큼 상당한 전문가로 알려져 있다. 효율성과 합리성으로만 평가하면 투자자산의 가치는 떨어질 수 있지만 문화적인 측면과 희소성을 감안하면 보고 느끼는 즐거움과 더불어 투자로서의 가치도 키울 수 있는 분야임에는 틀림 없다.

일반인들에게는 생소한 투자자산들이 최근 해외뿐 아니라 국내에서도 많은 주목을 받고 있다. 시장형성이 잘 이루어지지 않은 경우에는 직접투자의 형태로, 시장형성이 어느 정도 이루어져 있는 경우에는 이색펀드의 형태로 투자자를 찾고 있는 것이다.

아직은 특정 인원수만 투자가능한 사모 형태이거나 개인이 정보를 얻기 어려운 시장인 경우가 많다. 하지만 불과 몇 년 전만 하더라도 '펀드'라는 용어 자체가 우리에게 생소했다는 사실을 감안하면 그렇게 우리와 동떨어진 이야기만은 아니다. 개인의 특성만큼이나 다양해지고 있는 투자자산은 투자 매력도를 객관적으로 검증하는 절차를 거쳐야 하지만 우선 선택의 폭이 넓다는 점에서 더 사랑을 받고 있다. 이러한 상품 중에서는 시장원리에 의해서 도태되거나 영원히 사라지는 것들도 생겨날 것이고 높은 수익을 안겨다 주며 황금거위와 같은 역할을 하는 상품도 있을 것이다. 항상 시장을 주목하고 좀 더 넓은 시각으로 세상을 바라보자. 내가 알지 못하는 곳에서 나에게 딱 어울리는 투자자산을 발견하게 될지도 모를 일이다.

투자의 경력이 수익을 결정하는 것은 아니다

우리나라의 주식시장은 2003년 이후 5년 연속 지수 플러스 현상을 보이며 1,500포인트대에서 2,000포인트까지 거침 없이 상승했다. 최근 몇 년간 직장인들은 주식과 펀드를 재테크 수단 일순위로 꼽을 정도로 그에 대한 관심이 뜨겁다. 과거 한가했던 증권사의 객장이 발 디딜 틈도 없이 빽빽하게 고객들로 넘치는 모습은 주식에 대한 열기를 여과 없이 보여주고 있기도 하다.

증시에 대한 뜨거운 참여도만큼 수익률이 따라 준다면야 누이 좋고 매부 좋은 격이겠지만 실상은 그렇지 않은 경우가 대부분이다. 상승장인데도 불구하고 마이너스 수익률을 내는 개인투자자들을 쉽게 볼 수 있으며 수익이 나더라도 종합주가지수의 상승률을 따라가지 못하는 투자자를 찾는 것은 더욱 쉽다. 이런 현상이 일어나는 원인을 개인투자자들의 심리적인 측면에서 살펴보기로 하자.

개인투자자는 크게 다섯 가지로 분류할 수 있다. ① 직접투자만 선호하는 사람, ② 간접투자만 선호하는 사람, ③ 직·간접 투자를 병행하는 사람, ④ 증시 활황에 힘입어 주변의 권유나 호기심으로 처음 시장에 뛰어든 사람, ⑤ 증시에서 큰 손실을 보고 손을 뗐다가 다시 복귀한 사람 등이다.

이들 각 그룹의 특징을 구분하는 것은 쉽지 않지만 간접투자를 병행하는 사람들이나 투자규모를 크게 잡는 사람들은 보통 시가총액이 높은 기업에 투자하는 경우가 많다. 반면 직접투자만 선호하는 사람들은 자신의 투자경력을 기반으로 한 종목선정 기법을 과신하여 중·소형주를 선호하며, 과거에 큰 손실을 보고 손을 뗐다가 다시 복귀한 사람들은 과거의 주식시장을 분석했던 관점으로 현재의 시장을 읽으려는 경향이 있다.

개인투자자들이 수익을 내지 못하는 첫 번째 이유는 자신의 투자기법에 대해 맹신하기 때문이다. 직접투자를 선호하면서 다년간의 투자경력을 지닌 개인투자자들이 대부분 이 유형에 속한다. 이들의 특징은 증권사 직원들의 상담도, 기업분석가(애널리스트)들의 기업

분석 리포트도 참고만 할 뿐 실제 투자에서는 자신의 생각만을 고집한다는 것이다.

위 사례에서 김 씨는 자신의 판단대로만 행동했다. 투자는 개인의 책임과 판단 하에 이루어지는 것이 정석이지만 투자수익률이 좋지 않을 경우에는 여러 가지 측면에서 원인을 찾아야 한다. 투자패턴에 문제가 있는 것은 아닌지 기업선정과정에서 실수한 부분은 없는지 마인드 컨트롤에는 문제가 없는지. 다각적인 검토를 해보고 잘못된 부분은 수정해야 한다.

김 씨는 자신의 투자경력에 대한 자부심이 강해 자신의 투자판단에 대한 조언은 물론이거니와 명백한 오류조차도 인정하려고 들지 않았다. 증권사 직원들은 자신보다 주식에 대한 지식이 부족하다고 생각했으며 자신이 매수한 주식의 주가가 올라가면 자신의 내공 덕이고 주가가 하락하면 시장이 뭔가 이상한 것이라는 논리를 펼쳤다.

  개인투자자들이 수익을 내기 힘든 두 번째 이유는 하락하는 주식

을 선호하기 때문이다. 상승추세가 살아있는 종목이 오를 확률이 더

큰데도 불구하고 '부담스럽다'는 이유로 거부하며, 하락하는 주식

은 주가가 바닥을 친 것이라 판단하여 쉽게 매수한다. 주가의 바닥

과 천장은 어느 누구도 장담할 수 없다. 바닥이라 생각하고 매수한

주식이 더 떨어져서 지하실로 처박히는 경우도 허다하며, 천장이라

생각했는데 기업가치가 훌륭해서 지속적인 상승추세를 유지할 수도

있다.

　　우리도 혹시 주가의 천장과 바닥을 너무 쉽게 판단하는 우를 범하고 있지는 않은지 점검해 보아야 한다. 주식은 신만이 아는 영역이다. 그만큼 개인이 주가를 예측하는 것은 사실상 불가능에 가깝다는 말이다. 전문가들은 자신의 생각을 논리적으로 증명하기 위해 노력할 뿐이다. 그 어떤 전문가도 지속적으로 시장에 대해 정확하게 예측할 수 없다. 만약 그런 능력을 가진 사람이 있다면 그는 혼자서만 몰래 돈을 벌고 있을 것이다. 시장에 떠들면 피곤해지기만 하니 말이다.

　세 번째 이유는 과거의 패배를 딛고 다시 복귀한 투자자들에게서 주로 발견된다. 과거의 시각으로 현재 주식시장을 평가하는 것이다. 화려한 주가상승을 이뤘던 2007년 초 필자는 여의도에서 열리는 대규모 강연에 초청되었다. 엄청난 청중들이 참석할 예정이었으므로 수일 전부터 밤잠을 설쳐 가며 정보를 수집하고 자료를 만들었다. 긴장을 하기는 했지만 열의에 넘쳐 2007년의 주가상승 가능성에 대해서 열심히 강의를 하고 있는데 앞줄에 앉아 있던 중년의 여성 한 분이 불쑥 질문을 던졌다. 주가 1,300포인트도 너무 높지 않냐는 것이다. 당시 주가는 1,400포인트를 갱신하여 사상최고치를 달성하고 1,300대로 떨어지고 있을 때였다. 그 분은 1990년부터 IMF 구제금융 시기까지 주식을 했고 그 후에도 주식 공부를 계속한 주식투자경력 10년의 투자자라고 자신을 소개했다. 주가가 하락할 것이라고 예측한 근거는 단순했다. 과거에도 1,000포인트를 넘기면 어김 없이 주가가 반 토막이 났기 때문에 지금도 그럴 가능성이 크다는 것이다. 강연의 맥은 이미 끊겨 버렸다.

　그 분은 과거의 투자경험을 토대로 현재 시장을 추측했다. 사실 주식시장에서 얻은 경험은 소중하다. 군대에서도 소위 '짬밥'이라는 것을 무시할 수 없듯이 분명히 과거경험 보유에 대한 프리미엄은 존재한다. 하지만 최근의 시장은 과거 그 어떤 시장 참여자도 보지 못한 형태로 움직이고 있다. 따라서 과거의 경험만으로 단순하게 판단하는 것은 지나친 오류를 초래할 수 있다. 여의도에서 강연을 한 지 정확히 반년이 지난 뒤 주가가 1,900포인트를 넘어서자 그 중년의 여성분이 나에게 전화를 했다.

"주식을 못 샀는데 어떡하죠? 주식을 지금이라도 사야 하나요? 지수가 더 갈 수도 있을까요? 주가가 내 맘을 몰라주고 계속 오르니까 너무 야속하네요."

야속한 건 올라간 주가아니라 전문가의 자료를 가볍게 여기고 견해에 귀 기울이려 하지 않는 투자자들의 닫힌 마음이 아닐까?

주식시장은 살아있는 생명체와 같다는 비유를 자주 한다. 실제로 외국의 경우 생물학자들이 주가의 움직임을 분석하고 금융공학자들은 주가에 생물학을 적용시켜 연구를 거듭하고 있다. 그만큼 주가에 대한 움직임은 기계적이지 않다는 뜻이다. 이렇게 살아 숨쉬는 듯 움직이는 주식시장을 고정된 시각과 닫힌 마음으로 접근하는 사람들은 주식시장에서 결코 최고가 될 수 없다.

주식은 **한방**이라고 **믿다**가 **한방**에 **깡통** 찬다

최근 주식시장에서 활동하는 개인투자자들의 특징 중 하나는 신용과 같은 외상 자금을 기반으로 매수에 참여한다는 것이다. 고객이 주식을 매매하기 위해 증권회사에 맡기는 돈, 즉 증시예탁금은 2007년 10월 현재 13조를 넘어서고 있다. 이중에서 신용거래(개인의 신용으로 증권사에서 돈을 빌려 주식을 사는 것. 종목에 따라 보유자금의 몇 배 규모로 주식을 살 수 있다)는 1/3 수준인 약 4조 5,000억 원을 기록하고 있다. 증시예탁금 규모의 증가는 증시활황을 의미하기도 하지만 한편으로는 예탁금이 증가했기 때문에 증시가 상승했다는 논리가 성립되기도 한다. 문제는 외상금의 개념인 신용거래가 급증하고 있다는 것이다. 신용거래의 문제점은 이익을 낼 때는 레버리지 효과(지렛대 효과, 기업이나 개인 사업자가 차입금 등 타인의 자본을 지렛대처럼 이용하여 자기자본의 이익률을 높이는 일)로 인하여 투자금액 대비 수익이 크게 늘어날 수 있지만 손실이 나면 손실 금액 또한 눈덩이처럼 불어난다는 것이다.

물론 레버리지 효과를 일으켜서 큰 수익을 내려는 전략이 결코 나쁜 것이라고만 할 수는 없다. 사실상 우리가 잘 알고 있는 분산투자 역시 학문적으로나 실증적으로 검증된 재무론이지만, 투자의 대가들 중에는 분산투자를 부정적으로 보는 사람들도 많다. 그들은 오히려 '선택과 집중'만이 부의 증대를 가져올 수 있는 전략이라고 생각하고 있다.

선택과 집중, 즉 집중투자는 아무나 도전할 수 있는 전략이 아니다. 뛰어난 실력과 경험, 그리고 마인드 컨트롤 등이 겸비되어 있다 하더라도 성공하기 힘든 것이 집중투자이다. 일단 집중투자는 성공 가도에 진입하면 금세 큰 돈을 벌 수 있기는 하다. 그러나 일반인들을 대상으로 재무설계를 하고 자산관리를 도와줘야 하는 전문가 입장에서는 검증이 쉽지 않은 집중투자 능력을 파악해서 조언을 하기보다는 위험을 줄일 수 있는 분산투자를 권하는 것이 최선이다.

레버리지 효과의 경우도 마찬가지다. 개인에 따라 또는 개인이 선호하는 주식유형에 따라 레버리지를 적극 활용할 경우 탁월한 성과를 거둘 수 있다. 반대로 개인에게 적합하지 않은데도 무리한 레버리지를 활용하면 실패의 나락으로 떨어질 수 있기 때문에 레버리지를 활용한 전략을 구사할 때에는 매우 신중하게 판단해야 한다.

앞에서 언급한 바와 같이 신용거래 수준이 전체 예탁금의 1/3 규모라는 것은 개인에게는 독이 될 수 있는 부분이다. 증시가 활황이고 상승세에 있다는 말은 하락하는 종목보다 상승하는 종목이 많다는 뜻이다. 이럴 때에는 부채를 활용하여 주식을 투자하는 신용제도와 같은 시스템을 이용하면 비교적 쉽게 큰 수익을 얻을 수 있지만, 시장이 본격적인 조정에 들어가거나 하락추세로 전환되어 버리면 큰 어려움에 처할 수밖에 없다.

아직까지 우리나라 주식시장에는 '한방' 문화가 존재한다. 최근에는 간접투자와 장기적인 시장 상승추세로 인하여 개인의 장기투자 문화가 정착하고 있는 중이긴 하지만 여전히 한방에 의존하는 사람들이 많다. 특히 주식투자로 몇 차례 손실을 경험한 사람들은 원금회복에 집착한 나머지 변동성이 큰 주식이나 단기급등이 가능한 종목을 선택하고 자신이 보유한 자금보다 더 큰 돈을 끌어와(부채를 일으켜서) 투자를 하고 있다. 이들 대부분은 조급함 때문에 투자의 평정심을 잃어 더 큰 손실을 떠안고 만다. 투자에 있어서 결코 잊지 말아야 할 철칙은 마인드 컨트롤이다. 그런데 투자 페이스를 잃고 비이성적인 상태에서 투자자금을 끌어다가 투자를 하면 헤어나오기 힘든 절망에 빠지고 말 것이다.

투자자 강 씨는 올바른 판단을 한 것일까? 그에 대한 답은 앞에서 언급한 바와 같이 개인마다 다르다. 일단 5,000만 원이 여유자금이었고 손실이 발생했을 때 원금과 융자자금에 대한 손실을 충분히 수용할 수 있으며 투자종목의 기업가치가 훌륭했다면 강 씨의 전략은 합리적이라고 할 수 있다. 하지만 5,000만 원이 전세자금 등의 사용목적이 있는 자금이며 손실 시 원금은 물론이고 융자자금에 대한 상환마저 불투명한 데다 투자종목이 기업가치보다는 단기재료 등에 의해 움직이는 소위 '잡주'일 경우에는 이야기가 전혀 달라진다.

투자가 아니라 모험을 한 것이다. 그가 만약 이런 상황에서 운이 좋아 돈을 벌었다 하더라도 이 돈을 다시 잘 관리하여 자산 더 불릴 수 있을 것이라고 보는가?

필자 주변에도 이와 비슷한 사람이 있었다. 무리하게 신용제도를 활용하여 집중투자를 했는데 운 좋게도(?) 결과는 대성공이었다. 그는 이 수익으로 차를 바꾸고 친구들과 유흥을 즐기고 나머지 돈으로 다시 특이한 종목에 투자하며 모험을 즐겼다. 결과는? 참담했다. 하락 가격제한폭까지 떨어지는 경험을 순식간에 몇 차례 경험하고 나니 원금은 물론이고 증권사에 빚까지 지는 신세가 된 것이다. 운 좋게 주식으로 한방을 제대로 터뜨리긴 했지만 다음 한방을 제대로 맞고 나니 앞서 먹은 것까지 다 토해내는 고통을 겪게 되었다.

최근 국내 증시의 활황은 젊은 직장인들의 주식투자 참여도를 높이는 역할을 하고 있다. 젊은 직장인들은 자본시장 문화에 익숙한 데다 두뇌회전도 빨라 조금만 공부하면 주식투자에 대한 공포감이나 불안감을 떨치고 곧 투자에 나설 수 있다. 또한 주변 사람들의 권유와 추천 덕분에 주식시장에 접근하는 루트도 쉬워졌다.

문제는 이러한 젊은 사람들이 오히려 주식시장에서 한방에 나가 떨어지기 쉽다는 것이다. 직장에서는 특성상 여러 사람들이 모여 수

많은 정보를 주고받게 된다. 휴식시간의 화제는 재테크이며 그중에서도 단연 주식 이야기가 인기다. "○○회사에 다니는 친구가 있는데 이번에 그 회사에서 ××를 한다더라."라는 식의 정보가 한 명당 하나씩만 나와도 하루 동안에 수십 개의 정보를 얻게 되고, 이런 정보를 자꾸 접하다 보면 투자에 참여하고 싶은 마음이 생기는 것이다. 물론 처음 몇 차례는 뒤로 물러나 시장을 관망하게 되지만 이상하게도 지켜보는 동안에는 수익이 매우 성공적이다.

주위에서 얻은 정보를 바탕으로 투자를 하게 되면 어떨까? 역시 몇 번은 운이 따라 성공할 수도 있다. 하지만 성공 횟수가 잦아질수록 투자자금 규모는 늘어나게 되고 늘어나는 투자자금 규모와 더불어 한방에 대한 기대감 또한 커지게 된다. 그러나 결국에는 안타깝게도 대부분 실패한다.

매수한 종목 대부분이 소문을 근거로 한 것이며 무리한 욕심을 부린 탓에 투자손실에 미련을 가지게 되어 더 큰 손실이 날 때까지도 손을 쓰지 못하고 있다가 당하는 것이다. 투자자금이 갈수록 커졌기 때문에 앞에서 몇 번 수익을 냈더라도 뒤에 발생한 손실을 감당하지는 못한다. 원금은 물론이고 얄팍한 수익까지 물거품처럼 사라지고 만다. 첫 번째 투자에서 100% 수익이 났어도 다음 투자에 그

절반인 50% 손실이 나면 원금 수준으로 되돌아오게 된다. 투자자금 규모를 키웠다면 처음 투자에서 100% 수익이 났다고 하더라도 그 다음 투자에서 50% 손실이 나면 '수익+원금 일부'가 한방에 날아가게 되는 것이다.

이 사례에서는 추천해 준 사람의 말만 믿고 잘 모르는 주식을 산 것이 첫 번째 실수이고, 보다 큰 수익을 위해 변동성이 큰 주식에 투자하면서 위험관리를 전혀 하지 않은 것이 두 번째 실수이다. 무엇보다 가장 큰 실수는 평정심을 잃고 비이성적으로 투자를 했다는 것이다.

한방에 대한 욕심은 손실을 보았을 때만 해당되는 것이 아니다. 위 사례와 같이 수익이 커지면 커질수록 더 큰 욕심이 생겨 제대로 된 한방을 바라게 된다. 주식시장이 좋다고 너무 기뻐하지 말고 주식시장이 안 좋다고 너무 낙담하지 말자. 성공적인 주식 투자는 긴 안목을 가지고 좋은 기업에 투자하는 것이 기본임을 명심해야 한다. 한방보다는 중장기적인 자산성장을 계획하는 것이 현명한 투자자의 자세다.

투자도 바겐세일 기간에 하라

2007년 8월 중순. 미국에서 터진 서브프라임 모기지 사태로 전일 미국증시는 암울하게 마감되었다. 몇 시간 후면 한국증시가 개장되는데 손 쓸 방법이 없었다. 더 하락하지 않기만을 기도할 뿐이었다. 시장이 개장되고 예상대로 모든 종목에 파란색 화살표가 도배되었고 주가는 무섭도록 하락만 거듭하고 있었다.

그때 극명하게 대비되는 두 가지 전략이 등장했다. 첫 번째 전략은 '지금이라도 늦지 않았으니 손실을 제한하고 이익은 일부라도 실현시키자'는 것이었다. 그간 시장 상승에 부담을 느껴왔던 증권 관계자들이 내놓은 이러한 의견은 암울한 시장 분위기를 타고 설득력을 얻는 듯했다.

두 번째는 전혀 다른 시각의 전략이었다. 업계에서 실력자로 정평이 나있는 선배가 덤덤하게 한마디 했다. "와, 싸네. 뭘 걱정하노? 완전 초특가 세일이구먼. 주워 담는 사람이 임자다. 능력 되면 주워 담아라!" 이 말 한마디에 분위기는 반전되었다. 펀더멘털에 이상이 없다면 돌발적인 변수에 의한 과도한 가격하락은 오히려 매수 기회가 된다는 논리였다. 이 의견에 동조하는 몇몇 사람들은 저가매수를 시작했고 그날 오후 국내 대표적인 자산운용사도 본격적으로 매수에 참여했다. "우리는 아직 총알이 남아있다. 우리가 산다."라는 말을 남긴 채……

이 사례는 2007년 8월 실제 있었던 이야기를 각색한 내용이다. 당시 시장에서는 '올 게 왔나 보다' 라는 약세론자들과 '싸게 살 수 있는 기회' 라고 낙관하는 강세론자들의 투자전략이 팽팽하게 대립하고 있었다. 두 부류의 투자자들은 정반대의 행동을 취했고 결과는 강세론자들의 승리였다.

시간이 지나고 나니 강세론자들의 주장이 당연히 옳았다고 생각되지만 당시 분위기에서는 매수 주문을 내기가 쉽지 않았다. 초, 분이 다르게 무섭게 하락하는 종합주가지수와 개별종목들의 하락률을

보면서도 매수할 용기를 내는 것은 고속도로를 무단횡단하는 것과 같은 기분이었다. 아차하면 이 세상과 영영 하직하지만 운이 좋으면 한참 돌아갈 길을 최단 시간에 질러갈 수 있다는 위험한 매력이 숨어 있었던 것이다.

시장이 하락세에 있을 때 적극적으로 매수한다는 것을 머리로만 이해해서는 안된다. 스스로 강력한 믿음을 가지고 있어야 한다. '가격이 언젠가는 회복되겠지' 하는 단순한 생각만으로 하락시장에서 매수를 단행하기는 어려우며 매수 후 일정기간 보유하는 것은 더욱 어렵다.

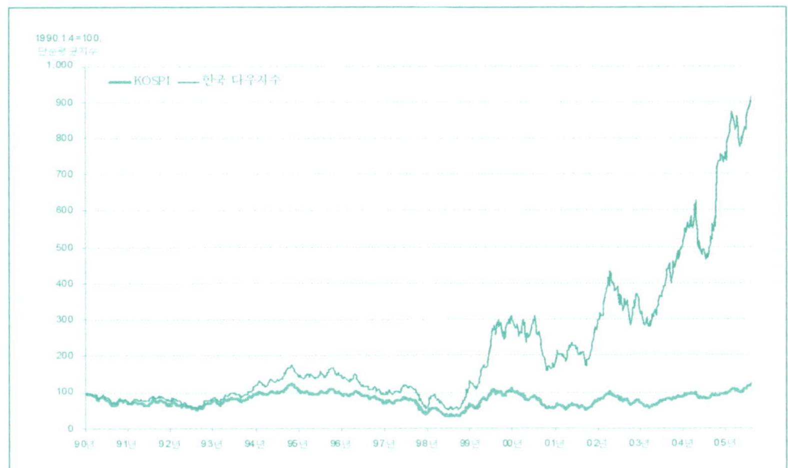

처음으로 돌아가 보자. 투자의 귀재 워렌 버핏(Warren Buffett)은 '나는 주식을 사는 것이 아니라 비즈니스를 산다' 고 했다. 워렌 버핏의 철학을 완전히 이해하지 못한다 해도 기본적으로 회사의 성장성이나 내재 가치를 파악하고 주식을 매수하면 마음이 조금 편하다.

기업의 이익이 증가하고 있는가? 현금 흐름은 양호한가? 자산가치는 시가총액과 비교하여 높은 수준인가? 업종 내 시장지배력과 경영능력은 양호한가? 주가순자산비율(PBR)과 주가수익비율(PER)은 동종 업계 기업들과 비교했을 때 저렴한가? 현재주가가 내재가치보다 적은가? 만약 외부적인 충격으로 주가가 급락했을 때에도 이와 같은 질문에 대한 답변이 처음과 다르지 않다면 그때는 주식을 싸게 살 수 있는 기회이다. 백화점을 방문했을 때 평소 마음에 두고 있던 제품이 마침 회사 측 사정이나 마케팅 전략으로 싸게 판매되고 있다면 그 기회를 놓쳐서는 안 된다.

[그림 1-3]에서 볼 수 있듯이 시장이 장기적으로 상승한다는 믿음이 있거나 적어도 지금보다 주식시장 환경이 크게 악화되지는 않을 것이라는 확신이 있다면 가치가 좋은 기업의 비이성적인 주가 폭락은 기회로 보아야 한다. 같은 기간에 시장을 선도했던 가치주들과 성장주들의 주가 흐름을 보면 명확하게 알 수 있다. 주가는 워낙 변동이 심하기 때문에 과거에 안 좋은 투자경험을 가지고 있는 투자자들은 이를 도박이라 생각할 수도 있다. 그들은 주식시장을 도박으로 접근했기 때문에 도박으로밖에 보지 않는 것이다.

지난 15년간 우리나라의 대표적인 기업 20개를 선정하여 미국의 다우지수 방식으로 지수를 산출해 보면 동기간 종합주가지수를 100으로 볼 때 900이 나온다. 그 정도로 확실하게 차별화된 흐름을 보이고 있음을 알 수 있다. 하지만 우리가 15년 동안의 주식시장을 돌아보면 등락이 심했던 기억만 남아 있을 뿐 높은 수익을 달성했다는 생각은 미처 하지 못한다. 최근 5년간 종합주가지수는 연초 대비 연말 지수 기준으로 보았을 때 5년 연속 플러스를 기록할 정도로 시장이 매우 강세에 있다. 이렇게 시장이 강할 때 성장성이 높고 기업가치가 우수한 회사들에 분산투자를 하면 큰 수익을 얻을 가능성이 이전에 비해 훨씬 높아진다.

[그림 1-6] 두 번의 주식시장 대세 상승 시기 이후 우량주 단순투자수익률

	2003년 연초 주가(원)	2007년 11월 현재 주가(원)	투자 수익률
동양제철화학	9,810	347,000	3437%
두산	8,760	295,000	3268%
한화	1,910	87,300	4471%
현대중공업	19,150	525,000	2642%
STX	4,000	148,000	3600%
SK	13,350	285,500	2039%

최근 주식시장의 큰 사이클을 이뤘던 두 시기를 꼽으라면 2005년과 2007년을 들 수 있다. 2005년은 1,000포인트 시대를 여는 해였으며 2007년은 증시 사상 최고치를 갱신한 해였다고 할 수 있다. 이렇게 큰 두 사이클을 지나면서 기업들은 시대 상황과 기업의 경쟁력 등을 감안하여 재평가를 받게 되었는데, 삼성전자나 현대차 등의 주가는 별로 오르지 못하거나 오히려 떨어졌다. 반면 과거 큰 관심을 받지는 못했지만 숨은 진주였던 기업들의 수익률은 그 어떤 자산의

수익률과 견줄 수 없을 정도로 엄청난 수익률을 올리면서 차별화 과정을 거쳤다.

향후 이러한 대규모 사이클은 몇 차례 더 올 것이라 예상된다. 이때 개인투자자들이 접근할 수 있는 효과적인 전략 중 하나가 비이성적인 주가 폭락 시기를 이용하는 것이다. 물론 주식시장의 격언 중에 '떨어지는 칼날은 손으로 잡지 마라' 라는 말이 있다. 하지만 이 역시 상대적인 개념이다. 떨어지는 칼날인지 비이성적인 주가 폭락인지에 대한 판단은 투자자 자신이 해야 한다.

떠도는 소문만 믿고 투자하기, 주변의 권유에 앞뒤 가리지 않고 성급하게 집중투자하기, 중장기적인 관점이 아니라 단기적으로 투자하기, 주식시장에서 일확천금을 노리고 접근하기 등과 같은 행태를 반복하는 비이성적인 투자자들에게 비이성적인 주가 폭락은 투기이자 공포일 뿐이다. 그러나 현명한 투자자에게는 모처럼 만에 맞이하는 반가운 바겐세일 기간이 된다는 것을 기억하자.

펀드, 선택하는 고민만 하다 끝나려나?

김 씨는 주변에서 똑소리나는 주부로 유명하다. 아이들 교육부터 집안살림이나 가계운용에 이르기까지 여러 분야를 야무지게 챙겨왔기 때문이다. 몇 달 전부터는 문화센터에서 재테크 관련 강의를 수강하고 있다. 직접 공부를 한 후 펀드를 선택하기 위해서다. 펀드에 대한 사회적 관심이 높아지자 김 씨 또한 예금이나 적금의 일부를 펀드에 투자해 보고 싶었던 것이다. 그러나 지식도 없고 기회를 놓치다보니 지금까지도 펀드투자를 시작하지 못하고 있다.

주부 김 씨가 펀드투자기회를 놓친 가장 큰 이유 중 하나는 '어떤 펀드가 가장 좋은 수익률을 낼 수 있을지 모르기 때문'이었다. 펀드라는 상품이 익숙하지도 않았지만 처음 하는 투자이고 원금손실 부분에 대한 두려움도 있었기에 최고의 펀드를 선택하자는 마음이 앞섰다고 한다.

대부분의 투자자들이 아마도 비슷한 생각을 하고 있을 것이다.

보스턴 컨설팅 그룹에 따르면 2011년 우리나라 펀드시장 규모는 지금보다 두 배로 성장할 것이라고 한다. 실로 엄청난 성장률이다. 시장의 규모가 커진다는 것은 펀드의 종류와 숫자도 늘어난다는 것을 의미한다. 2007년 한 해만 보더라도 새로운 유형의 펀드들이 대거 출시되었다.

그러다 보니 초보 투자자들은 더욱 자신에게 맞는 펀드를 선택하기가 어려워지고 있다. 한쪽에서는 펀드의 운용보고서를 검토하며 펀드 전략을 짜고 있는데 다른 한쪽에서는 '적립식펀드'가 상품명이라고 생각하는 사람도 있는 것이다. 주부 김 씨의 고민은 혼자만의 고민은 아니었다.

주식형펀드를 시작하면 수많은 새로운 용어들을 접하게 된다. 성장주펀드, 가치주펀드, 배당주펀드, 섹터형펀드, 테마형펀드, 대형우량주펀드 등 다양한 유형의 펀드들이 팜플렛 전면을 장식하고 있다. 간접투자자산운용법 제27조 1호의 운용대상 자산에 따른 분류에 따르면 펀드의 유형은 주식형펀드, 혼합형펀드, 채권형펀드 등 세 가지로 나뉜다. 주식에 60% 이상 투자가 가능하면 주식형펀드, 채권에 60% 이상 투자가 가능하면 채권형펀드, 그리고 주식형펀드와 채권형펀드를 제외한 나머지 펀드는 모두 혼합형펀드로 분류된다. 여기서 자산배분 상의 펀드유형만 언급하는 가장 큰 이유는 펀드의 수익 및 위험이 자산배분의 형태에 따라 크게 달라지기 때문이다. 따라서 기본적으로 펀드의 주된 투자대상자산이 주식인가, 채권인가, 기타 자산인가에 대해 명확하게 인지하고 있어야 한다.

여기까지는 대부분의 일반투자자들도 이해하고 있는 부분이다. 이제부터가 문제다. 주부 김 씨가 주식형펀드를 선택했다고 가정해 보자. 주식형펀드는 각기 다른 투자전략을 가지고 있다. 펀드의 스타일에 따라 성장주펀드, 가치주펀드, 배당주펀드 등 다양한 상품들이 판매되고 있다. 투자대상 기업의 규모가 큰 대형주펀드부터 중소형 규모 기업에 투자하는 중소형펀드까지 다양하다.

이쯤 되면 투자자들은 고민을 한다. 성장과 가치의 의미도 아직 정확하게 모르는데 대형주이면서 성장주에 투자하는 펀드가 있고, 중소형주이면서 가치주에 투자하는 펀드도 있는 걸 보니 복잡하다는 생각이 불쑥 드는 것이다. 하지만 기본으로 돌아가서 펀드투자의 목적을 되새겨 보자. 펀드투자의 본래 목적은 '중장기적인 자본성장' 이다. 단기적인 매매를 통해서 수익을 극대화하는 것이 아니라 해당 시장이 중장기적으로 상승추세에 있다면 그 상승추세를 타면서 투자수익을 거두는 것이 투자자에게는 최선의 선택이 될 수도 있다는 말이다. 단기적인 매매를 통해서 수익을 극대화하고 싶다면 직접투자를 선택하는 것이 낫다.

중장기적인 자본성장을 누리기 위해서는 시간적인 여유를 가지고 투자해야 한다. 한때 모 자산운용사의 광고에 시침과 분침이 없는 시계가 등장한 적이 있는데 이는 펀드투자뿐 아니라 올바른 투자가 무엇인지 제대로 보여주고 있다.

성장주에 투자하는 펀드와 가치주에 투자하는 펀드 중 장기적인 투자에 적합한 펀드는 어느 것일까? 정답은 없다. 모범에 가까운 답이 있다면 시장에 달려 있다는 것이다. 물론 특정 운용사의 특정 펀드나 시장에 천재라 불리는 사람이 운용하는 펀드들이 종종 시장의 추세를 역행하는 경이로운 수익을 내기도 한다. 그러나 그런 펀드는 전 세계 시장에서 극소수를 차지할 뿐이고 우리가 투자대상으로 하는 펀드들은 일반적인 범주에서 찾아야 한다. 즉 시장에 따라 수많은 펀드들의 희비가 갈린다는 것이다.

주식시장이 지속적으로 하락하고 있다고 가정해 보자. 과연 그 시장을 이겨내고 더불어 플러스 수익률까지 내는 펀드가 얼마나 될까? 반면 시장이 지속적으로 상승할 때 계속해서 마이너스의 수익률을 내는 펀드는 얼마나 될까? 중요한 것은 시장의 흐름이다. 투자대

상 국가의 주식시장이 향후에도 지속적으로 양호한 흐름을 보일 것
이라 판단되면 성장주에 투자하는 펀드나 가치주에 투자하는 펀드
모두 좋은 수익률을 낼 수 있다. 물론 펀드 간에 편차가 존재할 수는
있지만 이런 펀드 간의 편차는 우리가 고민을 한다고 해서 바꿀 수
있는 부분이 아니다.

중요한 점은 성장형이든 안정성장형이든 배당형이든 간에 투자
하는 지역과 기초자산이 동일할 경우에는 장기로 갈수록 펀드상품
의 수익률 차이는 펀드 스타일보다는 시장의 영향을 받을 가능성이
높다는 것이다. 재테크를 하는 데 있어서 꼭 1등 상품만 차지할 필
요는 없다. 물론 그럴 수 있다면야 좋지만 현실적인 가능성은 낮다.

[그림 1-7] 10년간 미국 100개 대형 성장형 및 가치형펀드 수익률 분포
(대부분의 펀드가 특정 수익률 대에 분포해 있는 것을 볼 수 있다.)
출처: Bogle on mutual Funds by John C. Bogle, page 163

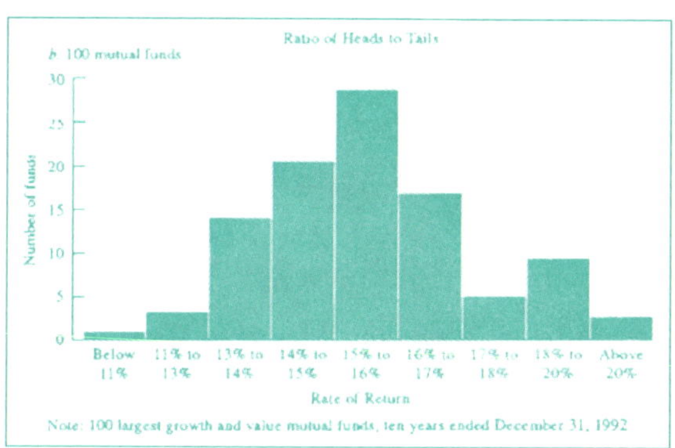

최근 주가 조정기 때에 주목을 받았던 배당주펀드는 상대적으로 저조한 수익률을 냈다. 서로 다른 성격을 지닌 배당주와 성장주에 투자한다는 컨셉으로 내놓은 모 운용사의 펀드는 지수 수익률은 물론이고 주식형펀드의 평균수익률에도 크게 못 미치는 마이너스 수익률을 냈다. 또한 2005년 한때 바이오 관련주나 엔터테인먼트 관련주에 투자하여 목표수익률을 쉽게 달성하며 큰 인기를 끌었던 테마형펀드도 최근에는 펀드 이름조차 기억하지 못할 정도로 관심 밖으로 벗어난지 오래다.

여기서 주부 김 씨의 고민을 해결해 보자. 그녀는 똑부러지는 성격대로 1등 펀드를 찾고 싶어했다. 그러나 1등에 대한 집착을 버리고 시장을 바라보자. 투자지역의 시장이 앞으로 좋아질 것으로 판단되는가? 그럼 길게 보고 투자하라. 첫 투자라면 일반적인 성장형펀드를 선택해도 좋다. 투자를 진행하면서 조금씩 보완을 하면 된다. 예를 들면 비용이 저렴한 인덱스 관련 펀드들을 포트폴리오에 편입한다든지 주가상승기에 지수나 일반 성장형펀드들보다 눈에 띄게 초과수익률을 내는 중소형주펀드들을 편입하는 것이다.

처음에 예측한 대로 시장이 상승했다면 주부 김 씨는 성공의 기쁨을 누릴 수 있을 것이고 예상과 달리 시장이 하락했다면 실패의

쓴 맛을 다시게 될 것이다. 하지만 그것은 펀드 스타일의 문제라기보다는 시장의 문제였다는 것을 기억하자.

펀드를 신중하게 선택하는 것은 중요한 일이다. 이는 금융기관들의 판매 담당자들이 고민하는 부분이기도 하다. 전문가들은 위험을 줄이고 수익을 높여주는 효율적인 포트폴리오를 구성하기 위해 전략을 짜지만 일반 개인투자자들이 이런 문제까지 고민을 하기에는 노력 대비 보상이 적다.

펀드의 수익률 분석보다는 펀드의 특성에 대한 고민을, 펀드의 특성에 대한 고민보다는 해당 펀드의 투자자산이나 지역의 성장성 등에 대해 공부하는 것이 훨씬 더 효율적이다.

최근 잇달아 출시되고 있는 틈새상품인 섹터펀드, 테마펀드, 스윙펀드 등과 같은 새로운 유형의 펀드들은 분명 다른 펀드들과 차별되는 장단점을 보유하고 있다. 따라서 이들 펀드를 이용한 효율적인 포트폴리오 구성이나 차별적인 투자전략 구사도 가능하다. 여러 번 강조하지만 펀드는 중장기적으로 시장의 움직임에 지배를 받는다. 펀드 자체에 대한 고민은 적당히 하고 좀 더 큰 그림을 그려보라. 그것이 우리 모두에게 심적으로나 수익률적으로나 도움이 될 것이다.

안정성만 좋다가 원금 다 날린다

금융기관 직원들이 좋아하는 두 단어가 있다. 바로 '안전성'과 '수익률'이다. 사실 이 단어들은 거래하는 고객들이 더 선호하기 때문에 자주 사용하는 단어가 되었다. 신상품을 소개할 때 "과거 사례로 보면 고수익이 기대 됩니다.", "안정적으로 기대 이상의 수익이 가능합니다"라는 말을 하면 고객들은 별 의심 없이 상품에 가입한다. 상품의 운용전략, 투자 포트폴리오, 투자자산, 지역 등에는 큰 의미를 두지 않는다.

몇 년 전 다니던 회사를 퇴직한 이 씨는 가까운 금융기관을 이용해 여유자금과 퇴직금을 운용하고 있다. 처음에는 은행의 예금과 적금 등이 금융자산의 대부분이었지만 작년부터는 자녀들의 권유로 펀드에도 투자를 하고 있다. 처음에는 전체 금융자산 일부만 펀드에 투자했는데 괜찮은 수익을 올린 이 씨는 다양한 여러 펀드에 투자를 확대했고, 그러던 중 판매사 직원의 권유

이 씨가 투자한 상품은 기초자산(개별 기업의 주가나 특정주가지수 등)의 일정기간 수익률에 따라서 상품의 수익률이 결정되는 주가연계상품이다. 우리가 일반적으로 ELS, ELD, ELF라고 알고 있는 상품의 일종이다. 이는 원금보장 정도에 따라 구분되는 방식인데, 원금보장상품이라도 설계와 운용의 주체인 금융기관에 따라 약간씩 차이가 있다. ELS는 증권사에서 운용하는 주가연계상품인데 판매는 은행에서도 가능하므로 판매회사보다는 운용회사를 보고 판단하는 것이 중요하다.

[표 1-3] 주가연계상품 분류

구분	ELS	ELD	ELF
운용회사	증권사	은행	투신사, 자산운용사
상품 성격	유가증권	예금	수익증권(펀드)
원금보장 여부	발행 증권사 신용	원금보장	원금보존 추구
투자형태	유가증권 매입	정기예금 가입	펀드 가입
상품 다양성	매우 다양	제한적	다양

주가연계상품은 기초자산의 편입비중에 따라서도 분류가 가능하다. 원금을 보장하기 위해서 만기에 원금이 되는 할인채에 투자하고 나머지는 옵션을 복제하는 데 사용하여 '원금+α'의 수익률을 추구하는 채권형 주가연동상품부터 고수익을 위해서 주식현물을 편입하는 주식형 주가연계상품까지 다양하다.

상품설계에 따른 분류로는 더 세분화된 구분이 가능하다. 이 씨가 투자한 상품은 리버스 컨버터블(Reverse Convertible)형으로 사전에 정해둔 최대수익률 하락폭까지 하락하지 않을 경우 원금이 보장되고, 일정수준 이하로 하락하지만 않으면 수익을 낼 수 있는 상품이었다.

예를 들어 이 씨가 가입 당시 현대차 주가가 10,000원, 하이닉스 주가가 10,000원이었고 상품에서 제시된 구조가 원금보장가능 가격선이 60%, 수익지급 가격선이 75%였다고 가정해 보자. 이 경우 현대차와 하이닉스의 주가가 가격평가 기준일에 7,500원 이상에만 머무르면 연15%의 수익을 지급하고 투자가 종결되지만, 반대로 현대차와 하이닉스의 주가가 5,900원일 경우 원금보장가능 가격선인 60% 밑으로 떨어졌으므로 원금손실이 발생하게 된다.

기초자산이 안정적으로 움직이면서 가격하락폭이 적은 개별 기업의 주식 또는 주가지수의 원금보장선이 60%인 상품은 큰 위험이 없을 것이라 판단하지만 이는 오해다. 이들 상품 대부분의 만기가 2년에서 3년이다. 2~3년은 주식시장 전체가 반토막이 되었다가도 다시 회복하기에 충분한 기간이다. 특히 개별 기업에는 시장지수와는 달리 기업 고유의 위험이 존재한다. 특정 산업의 이벤트나 특정 기업의 부실화 문제로 인해 타격을 입을 경우 주가가 반토막이 아니라 상장이 폐지되는 사태가 발생할 수도 있다. 물론 그런 위험을 방지하고자 기업은 최소한으로 기초자산을 설정하고 개별 기업 또한 대부분 대표적인 우량기업이긴 하지만 장담을 할 수는 없다.

[그림 1-8] 리버스 컨버터블의 손익구조 예시

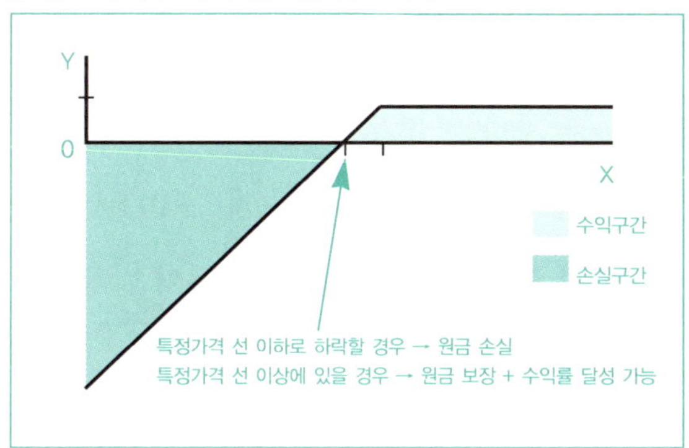

사실 이들 상품의 문제는 다른 데 있다. 주가연계 상품의 특성 상 손실이 한번 나면 타격이 크다는 것이다. 일반 주식형펀드는 손실이 −0.01%부터 시작하므로 개인이 시장상황을 조금 더 살펴 볼 여유가 있고 어느 손실 구간대에서나 환매를 결정할 수 있다. 환매 시기에 따라 같은 상품으로 −5%의 손실을 볼 수도 있고 −10%의 손실을 볼 수도 있다는 말이다. 하지만 주가연계상품은 원금보장 구간인 −40%(초기 설정 당시 가격의 60% 이하)를 넘어가게 될 경우 그 다음부터 실현되는 손실은 모두 손실이 된다.

예를 들어 기초자산의 주가가 −41%가 되었을 경우 원금보장 구간이 −40%까지였다고 해서 −1%만 손실이 되는 것이 아니라 −41% 모두 손실처리 된다는 말이다. 일단 손실이 발생하기 시작하면 규모가 생각보다 크므로 주의해야 한다.

주가연계상품의 기대수익률은 대개 10%~18% 수준이다. 이는 상품 발행 당시의 금융시장 환경에 따라 다르긴 하지만 대부분은 이 정도 수익률을 예상하고 투자하는 경우가 많다. 기대수익률은 10~18%이지만 기대손실률은 크다. 일반적으로 −30~−100%에 달한다. 물론 이 구간에 들어설 확률은 낮지만 일단 손실이 발생하면 이 구간에 속하게 된다.

생각만 해도 아찔하다. 연 10%대의 수익을 기대하고 투자했다가 손실이 날 경우 자산을 몽땅 날릴 수도 있는 것이다. 그렇다면 중도에 환매를 하면 되지 않을까? 물론 가능하다. 그러나 중도환매 수수료가 크다. 대개 투자원금의 10% 전후가 중도환매 수수료이다. 좀 불려서 말하면 기대수익률과 중도환매 수수료가 비슷하다.

　그럼 다시 처음으로 돌아가 보자. 이 씨는 대기업 임원까지 지내다가 퇴직하여 지금은 노후생활에만 신경을 쓰고 있다. 그는 처음 이 상품에 가입할 때 어느 정도의 지식을 갖고 있었을까? 앞에서 설명한 내용을 모두 들었다면 다행이지만 대부분의 가입자들은 이러한 설명을 듣고 싶어하지 않는다. 들어도 잘 이해가 되지 않고 어렵다는 핑계를 댄다. "난 설명 들어도 잘 모르니까 김 과장이 알아서 해줘.", "여기는 우리나라의 대표적인 금융기관이니까 상품이 좋을 거야"라는 식이다. 상품의 성격을 정확히 알지도 못하면서 2~3년 동안이나 돈을 맡긴다는 것 자체가 어불성설이다. 내가 투자하는 모든 자산의 수익과 위험 구조를 반드시 정확하게 알고 있어야 한다.

　실제 사례로 2004년 10월 26일 판매되었던 우리ELS 87호의 경우 2007년 10월 26일 최종만기회수금은 0원이었다. 손실률이 −100%가 된 것이다. 상품구조자체가 시장과 정반대로 움직이는 구조였기 때문에 이런 사태가 발생한 것이다. 쉽게 말해 주가가 떨어지면 수익이 발생하는 구조였는데, 주식시장이 2004년 10월 이후 지속적으로 상승하여 2,000포인트를 넘어서자 이 펀드는 휴지조각이 되어 버린 것이다.

시장상황에 대한 판단을 잘못하고 중도환매결정 시기도 놓쳐 버리면서 특정 상품 하나로 −100%의 손실이 났다. 결국 이런 모든 손실 책임은 투자자 자신에게 돌아간다.

충분히 상품에 대해 이해하고 투자를 한다면 주가연계상품이 포트폴리오 상에서 틈새상품의 역할을 할 수도 있다. 주가연계상품은 예금, 채권 등과 같이 이자가 고정적으로 지급되는 자산인데다 시장의 변동성이 커지면 수익이나 손실이 크게 나는 펀드와 같은 지분형 자산 사이에서 예금 및 채권보다는 높은 수익을 챙길 수 있기 때문이다. 또한 시장의 변동성이 일정 수준이라면 오히려 펀드보다 더 좋은 수익률을 낼 수 있으므로 주가연계상품의 인기는 좀처럼 식지 않고 있다. 지금 이 순간에도 금융기관에서는 쉴 새 없이 관련 상품들이 출시되고 있으며 선진 외국 금융기관에서 들여왔던 장외파생상품이 국내에서 해외로 역수출된 사례가 있을 정도로 한국의 시장은 빠르게 성장하고 있다.

특정상품의 판매량이 증가하고 일반투자자들에 대한 관심이 증가할수록 앞으로 더 다양한 상품들이 출시될 것이다. 또한 이렇게 새로 등장하는 상품들은 변화 과정을 거칠수록 상품의 구조가 복잡

해질 것이 분명하다. 투자자들이 바짝 긴장하고 연구하지 않으면 이해하기가 어렵다. 상품은 새로워지고 투자자들은 더 내용을 이해하지 못하는데 인기는 더 치솟는 웃지 못할 상황이 발생할 것이다.

투자자 자신이 새로운 상품에 대해 제대로 알지 못할 경우에는 약이 아니라 독이 될 수 있다는 사실을 직시해야 한다. 위험과 수익률은 상대적인 개념이다. 어느 개인 투자가에게는 만족스럽지 못한 수익률이 어느 개인에게는 훌륭한 수익률이 될 수 있으며 일정수준의 위험은 감내할 수 있지만 일정수준 이상의 손실률은 개인에게 마음의 병을 줄 수도 있다. 자신에게 적합한 상품을 선택하려면 상품에 대한 이해가 필수라는 것을 분명히 알아두기 바란다.

똑똑한 바보들의 신나는 재테크

재테크 수단을 확대하라

우리나라 가계경제의 부가 본격적으로 축적된 시기는 1960년대이다. 일제 강점기에는 식민지 수탈 정책으로 인해서 가계경제가 매우 불균형적인 모습이었고 해방 이후에는 한국전쟁이 가계경제뿐 아니라 국가경제의 기틀까지 뒤흔들었다.

외국의 원조 없이는 국가가 자생하기 힘든 시기였기 때문에 끼니를 챙기기도 힘들었던 서민들이 부를 축적한다는 것은 사실상 먼 나라의 이야기였다. 한국전쟁 후 우리나라의 경제규모는 세계 120개 국가 중 119위였고 최하위는 인도였다. 경제뿐 아니라 정치, 사회 등 모든 분야가 불안한 혼란했던 시기를 벗어나 1960년대에 들어서면서 우리나라는 본격적인 경제개발의 시대를 맞게 된다.

1960년대 우리나라의 국민소득은 100달러가 채 되지 않았다. 현재 국민소득이 2만 달러이고 앞으로 3만 달러를 목표로 두고 있는 것과 비교해 보면 당시 상황이 얼마나 암울했는지 알 수 있다. 그러한 국가적 빈곤을 극복하고자 경제개발 5개년 계획이 도입되었고 이를 계기로 외자도입 등을 통해 국가경제의 기반을 다지는 틀을 마련하게 되었다.

가계경제에도 부를 축적하고 늘리는 개념이 도입되기 시작했는데 가장 손쉽고 확실한 방법은 '저축'이었다. 특히 1962년 2월에 제정된 국민저축조합법은 직장 및 단체와 지역별로 국민저축조합을 결성하여 매월 일정액 이상을 저축하도록 유도했다. 이후 1976년 '근로자재산형성저축제도', 1977년 '가계당좌예금제도' 등 정부 차원에서 저축증대를 꾀하는 다양한 제도가 출현했다.

여러 가지 정부 차원의 저축 증대와 민간의 자발적인 저축이 힘을 받았던 가장 큰 이유는 높은 예금금리에 있었다. 1960년대 예금금리는 '금리 현실화 조치'로 인해 정기예금금리는 평균 15%~20%대를 기록했으며 1970년대에도 비슷한 수준을 유지했다. 2007년 예금금리와 비교하면 3배에서 5배에 이른다.

금리가 20%라는 것은 1억을 예금해 두었을 때 2억으로 불어나는 시기가 3년여 밖에 걸리지 않는다는 뜻이다. 현재의 금리수준으로는 14년 정도가 걸리는 것을 감안하면 엄청난 속도다. 단 1/5의 기간 동안 가계자산이 두 배로 증식하게 되는 것이다. 5% 금리와 20% 금리의 차이는 수치상으로 4배이지만 자산증식 속도는 5배에 달한다.

고금리 시대에는 '재테크'가 무의미하다. 예금이라는 상품 자체가 무위험 이자상품, 즉 위험을 감수하지 않고서 제시된 이자를 얻을 수 있는 상품이기 때문이다. 15~20%대의 이자를 받는 사람은 위험을 감수할 필요 없이 예금만으로도 원하는 재무목표를 달성할 수 있다. 이러한 고금리 시대를 지낸 40~50대 이상의 중장년층은 '저축'이 얼마나 큰 기쁨을 주는지 이미 체험했으므로 이를 자식세대들에게 교육시켜서 실천토록 하는 것이 미덕이라 생각했다.

하지만 우리는 현재의 금융환경이 어떠한지 살펴보아야 한다. 우리나라는 2000년대부터 본격적인 저금리 시대에 접어들었다. 은행에 자금을 예치해도 5% 이상의 예금이자를 받기 힘들게 되었고 전반적인 물가수준의 상승으로 물건을 하나 구입하는 데 들어가는 비용의 부담도 점차 커지고 있는 상황이다.

또한 1997년 IMF 구제금융 이후 기업정책 또한 바뀌어 젊은이들은 취업난을 겪고 있고 중장년 세대들은 빨라진 정년으로 인해 언제

회사를 퇴직해야 할지 모르는 두려움과 싸우고 있다. 교육비를 포함한 가계생활비는 지속적으로 증가하고 모아놓은 돈을 예금으로 예치해 보아도 매년 붙는 이자의 세후수령액은 재테크라기보다는 '현금을 보관한다'는 말이 더 어울릴 정도로 그 크기가 초라해진 것이 사실이다.

그럼에도 예금만 고집하는 사람들은 여전히 많다. 최근에는 언론과 금융기관의 마케팅에 힘입어 다양한 자산에 투자를 하는 사람들이 늘고 있긴 하지만 아직도 증권사나 은행에서는 펀드에 대해 신규문의를 해오는 사람들을 심심치 않게 만나볼 수 있다. 은행의 펀드는 예금과 동일한 상품인 것으로 착각하거나 증권사의 펀드만 원금손실의 가능성이 있는 상품인 줄 알고 있는 사람들도 상당하다.

그러면 최근 5년간 주식형펀드와 예금의 수익률을 비교하면 어떤 결과가 나올까? 2000년대 이후 저금리 기조가 지속되었고 그에 따라 금리와 반대로 움직이는 성향을 지닌 주식과 부동산 등 실물자산의 가격은 상승했다. 펀드 평가사인 제로인에 따르면 주식형펀드의 누적평균수익률은 지난 1년간 38%, 2년은 79%, 5년간 투자했을 경우에는 166%였다고 한다. (물론 이는 평균적인 펀드수익률이기 때문에 더 적은 수익률이 나올 수 있고 더 높은 수익률이 나올 수 있다.) 5년 전에

1억을 펀드 2~3개로 나누어 투자했는데 평균수익률에 수렴했다고 가정할 경우 현재 1억이 2억 6,600만 원으로 불어나게 된 것이다.

반대로 5년 동안 예금을 고집했을 경우 복리로 계산한다 하더라도 20% 정도의 수익률로 만족해야 한다. 1억을 예치했다면 2,000만 원이 조금 넘는 이익을 얻게 되는데 여기서 세금까지 제하면 파이는 더 적어질 수밖에 없다. 주식형펀드의 비과세 혜택 부분까지 감안한다면 예금과 펀드의 수익률 차이는 더 커진다. 2,000만 원과 1억 6,600만 원의 차이는 '원금손실 가능성' 이라는 위험을 회피하고자 한 기회비용치고는 배가 아플 정도로 크다.

재테크의 수단에는 주식과 채권만 있는 것이 아니다. 앞에서도 언급했듯이 미술품 투자는 최근 들어 각광받고 있는 투자수단 중 하나다. 불과 몇 년 전만 하더라도 미술품 거래는 거액 자산가들의 전유물로 인식되어 왔지만 이제는 대중들에게도 널리 알려져 있다. 한 미술품 경매회사의 회원수는 2006년 3,000여 명에 불과했으나 2007년에는 7배가 넘는 2만여 명으로 늘어났으며 이들 중 상당수는 직장인과 주부라고 한다. 미술품 시장의 열기는 국내에만 해당되는 이야기는 아니다.

1875년부터 1회 이상 경매 기록에 나타난 8,000여 작품의 거래

궤적을 추적한 대표적인 미술품 지수인 메이 모스 전체미술지수(the Mei Moses All Art Index)에 따르면 1955년부터 2004년까지 세계 미술품 시장의 연평균수익률은 10.5%였으며 2004년 이후에는 연평균 13%의 수익률을 올리고 있는 것으로 나타나고 있다. 우리나라의 경우에도 미술품에 투자하는 아트펀드가 사모 및 공모 형태로 판매되었는데 현재 10~20%대의 수익률을 유지하고 있다.

회사원인 임 씨는 가을만 되면 평소에 잘 보지 않던 증권사 홈트레이딩시스템(HTS)에 접속하여 자료를 검토한다. 널리 알려져 있기는 하지만 실제로 행하는 이들이 그리 많지 않은 배당주 투자를 하기 위해서이다. 배당주 투자는 교과서적이긴 하지만 시세차익과 배당이라는 두 마리 토끼를 잡을 수 있는 보수적인 투자방법 중 하나다.

[표 2-1] 증권사 추천 2007년 유망 배당주 (자료 : 2007년 각 증권사)

증권사	추천종목
대신증권	S-Oil, SK텔레콤, KT, 신원, 우리금융지주
우리투자증권	S-Oil, SK텔레콤, KT, 외환은행, 대구은행, GS홈쇼핑
삼성증권	S-Oil, 외환은행, 우리투자증권, 대신증권, 우리금융지주
한국투자증권	S-Oil, SK텔레콤, 대신증권, 우리투자증권, 대덕전자
굿모닝신한증권	S-Oil, 외환은행, KT, 한국전력, 리노공업
미래에셋증권	S-Oil, 휴스틸, KT, GS홈쇼핑, 맥쿼리인프라, 한신공영
현대증권	S-Oil, 외환은행, KT, 대덕전자, 대신증권
CJ투자증권	KT, KT&G, 대구은행, GS홈쇼핑, 지투알(GIIR)
하나대투증권	S-Oil, 한국쉘석유, 국민은행, 동서산업, 신흥증권
동부증권	S-Oil, SK텔레콤, KCC건설, 포스코, 한국전력

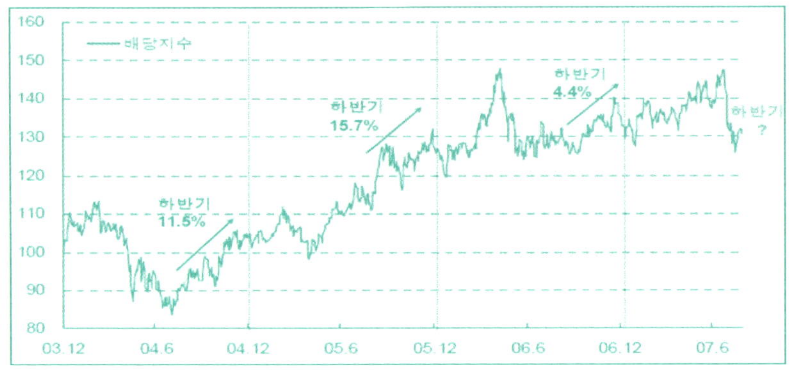

임 씨는 보통 9월 전후로 종목을 선정하고 그 종목을 낮은 가격에 매수하여 배당시즌(12월 말, 3월 말)까지 들고 있는 전략을 주로 활용한다. 그 방법이 과거 자신의 경험과 비교하여 볼 때 어느 정도 성공 확률이 높다고 생각하기 때문이다. 사실 매력적인 배당주의 경우 단기적인 시세차익을 노리고 들어오는 투자자들도 있다. 배당주는 7~9월경에 저점을 형성하고 연말로 갈수록 오르는 특성을 지니고 있기 때문이다.

그는 실제로 이런 투자전략으로 몇 년간 비교적 쏠쏠한 재미를 보고 있다. 은행예금금리 이상의 수익률을 얻는 것은 물론이고 시장이 상승장에 있을 경우에는 시세차익에서 얻는 수익도 크기 때문이다. 시장이 조정을 받거나 하락장에 있더라도 고배당주들은 다른 주

식들에 비해 가격변동폭이 상대적으로 좁기 때문에 심적 스트레스
도 적다. 재무건전성이 뛰어나고 사업이 안정적인 기업에 투자를 하
면서 은행이자보다 높은 배당수익과 시세차익까지 거두는 전략은
주식을 심도 깊게 공부하지 않은 일반인들도 도전해 볼 만한 재테크
방법이다.

 투자는 수익률이 모든 것을 말한다

"선생님! 선생님!"

다급한 목소리로 전화를 걸어온 사람은 일전에 몇 차례 자산관리 컨설팅을 한 적이 있는 청담동에 거주하는 50대의 주부 김 씨였다. 남편은 사업을 하고 자녀 모두 장성하여 현재는 김 씨가 집안의 가계관리를 전적으로 맡아서 운영하고 있었다. 연초 투자한 국내펀드와 중국펀드에서 약간의 수익을 얻은 후 하반기 들어 다시 투자를 했는데, 연일 언론에서 중국시장 과열에 대한 뉴스를 보도하고 국내 주식시장도 불안한 모습을 보이자 걱정이 된 나머지 전화를 한 것이다. 김 씨는 공격적인 성향의 투자자는 아니다. 펀드투자 역시 2007년 들어 처음 시작했고 2005년 국내 주식시장 상승 시기에도 은행 예금을 고집할 만큼 원금손실에 대한 위험성을 최대한 피하려고 했다. 그런데 첫 투자로 만족할 만한 수익률을 거두자 과감하게 투자규모를 늘렸고 높은 주가지수대에 투자된 자금의 손실이 커지고 말았다. 손실률로는 일전에 투자한 펀드의 수익률보다 낮았지만 금액이 컸기 때문에 손실 규모가 훨씬 더 커진 것이다. 이런저런 하소연을 하던 김 씨는 "제가 펀드하고 궁합이 잘 안 맞나 봐요."라며 전화를 끊었다.

대한민국의 펀드 열풍은 식을 기미가 보이지 않는다. 이는 다른 나라도 마찬가지다. 자산운용협회 자료에 따르면 최근 4년간 전 세계 펀드시장 규모는 100%, 즉 두 배로 성장했다고 한다. 러시아(134%), 루마니아(126.5%) 등 동유럽 국가들의 펀드시장은 두 배 이상 커졌을 정도로 그 동안 글로벌 자본시장에서 비주류에 속하던 국가들의 자본시장 규모가 급속도로 커지고 있다. 우리나라도 최근 1가구 1펀드 시대를 맞이했다. 직장인들이 모이건 주부들이 모이건 간에 이야기는 펀드로 시작해서 펀드로 끝난다고 한다. 한국은행에서 찍어낸 돈이 그대로 펀드에 투자된다는 우스개 소리도 들린다.

펀드시장이 많은 사람들의 관심을 받다 보니 투자의 부작용도 종종 발생한다. 전 재산을 펀드에 투자하거나 펀드에 대한 기본적인 개념조차 파악이 안된 상태에서 남의 말만 믿고 투자를 하는 일이 많아졌다. 이러한 정보 부족으로 초래되는 불이익은 고스란히 투자자가 떠안게 된다. 우리는 펀드계좌를 개설할 때 '투자설명서를 교부받고 설명을 들었음'에 대해 자필로 서명을 한다. 온라인으로 계좌를 개설할 때에는 별 생각 없이 '동의함' 란에 체크를 한다. 그러나 후에 분쟁이 생길 경우 투자설명서는 개인에게 불리하게 작용될 수 있는 내용이 포함되어 있기 때문에 반드시 꼼꼼하게 살펴보아야 한다.

이보다 더 중요한 부분은 투자에 대한 평가이다. 이는 주식, 펀드,

나타내는 수치의 평균값으로 산술평균 방식을 적용하면 틀린 답이 나온다는 뜻이다. 비율은 기준값에 곱해졌을 때 의미를 갖게 되는데 더해서 갯수로 나누는 개념인 산술평균은 오답을 산출할 수밖에 없다. 첫 번째 사례를 산술평균으로 나타내면 '(-50+100)/2'가 되어 25라는 답이 나오게 된다. 두 값을 더해서 갯수(투자 연수)로 나누니 이상한 답이 나오는 것이다.

두 번째 이유는 손실의 개념에 대한 명확한 이해가 부족했기 때문이다. 등식(equal)의 개념은 좌변과 우변이 동일할 때 사용한다. 2=2, 2×3=6 등과 같이 좌변의 값과 우변의 값이 같아야 사용할 수 있는데 투자에서는 -50=+100이 등식으로 성립된다. 쉽게 표현해서 50%의 손실이 발생하면 100%의 수익이 발생해야 원금 회복이 가능하다는 말이다. 반대로 100%의 수익이 나더라도 50%의 손실이 나게 되면 다시 원점으로 돌아가게 된다. 주식투자가 쉽지 않은 이유가 바로 여기에 있다.

수익을 잘 내다가 작은 손실이라도 여러 번 입게 되면 원금손실이 발생할 수 있다. 두 번째 사례를 보면 투자자 B씨는 손실을 볼 때 -60%의 손실율을 기록하고 수익을 얻을 때에는 70%의 수익률을 기록하였다. -60이 70보다 크기 때문에 언뜻 투자에 성공한 것처럼 보

부동산 등 자산가치가 변동되는 투자자산 모두에 해당된다. 투자의 평가를 어떻게 하고 어떤 전략을 사용해야 하는지에 대해서 일반인들은 아직 기초적인 부분도 잘 모르고 있는 경우가 많다.

난생 처음 주식투자를 시작한 A 씨는 첫 해에 성급한 투자를 하는 바람에 손실률이 −50%를 기록했다. 투자 첫 해의 실패를 계기로 A 씨는 심기일전하여 다음 해에는 100%의 놀라운 수익률을 달성했다. 그렇다면 A 씨의 수익률은 몇 %일까? 중학교 수학시간에 배웠던 '국어, 영어, 수학' 등의 과목평균을 낼 때 쓰던 방식으로 평균을 내면 연평균수익률은 25%이다. 그러나 실제로 A 씨가 2년 동안 투자해서 벌어들인 돈은 '0원'이다. 투자수익률이 0%라는 것이다.

투자자 B 씨는 4년 동안 펀드투자를 했다. 첫 해에는 −60%의 손실이 났고, 2년째에는 70%의 수익, 3년째에는 −60%의 손실, 4년째에는 70%의 수익이 났다. B 씨의 투자원금이 1,000만 원이었다면 4년 후에 찾은 금액은 얼마일까? 언뜻 계산해 보면 손실과 수익을 보았을 때 플러스일 경우 10%가 더 났으므로 금액이 늘어날 것 같다는 생각이 들지만 실제 펀드투자자금은 반토막나고 말았다. [첫 해 : 1,000만 원 x (−60%) = 400만 원. 2년째 : 400만 원 x 70% = 680만 원. 3년째 : 680만 원 x (−60%) = 272만 원. 4년째 : 272만 원 x 70% = 462만 4,000원]

위 두 사례에서 잘못된 점은 무엇일까? 어째서 두 사례 모두 수익이 날 때의 수익률이 더 컸음에도 불구하고 수익이 나질 않았을까? 첫 번째 이유는 수익률의 왜곡현상이 일어났기 때문이다. 투자에 관한 수익률을 평가할 때 특히 과거 수익률에 대한 평가는 산술평균(Arithmetic mean)이 아니라 기하평균(Geometric mean)을 사용해야 한다. 좀 더 쉽게 말하면 경제성장률이나 투자수익률과 같이 비율을

이지만 결과는 참담하다. 원금의 절반도 남지 않았다.

투자기간	1년	2년	3년	4년
투자전략A	−60%	+70%	−60%	+70%
A 평가금액	4,000,000원	6,800,000원	2,720,000원	4,624,000원
투자전략B	70%	−60%	70%	−60%
B 평가금액	17,000,000원	6,800,000원	11,560,000원	4,624,000원

그렇다면 여기서 고민을 한번 해보자. 100%의 수익률와 −50%의 손실률 중에서 개인투자자가 통제할 수 있는 것은 어느 쪽일까? 답은 −50%의 손실률이다. 100%는 수익이 나고 있는 상황이다. 즉 투자를 해서 수익이 발생하느냐 마느냐 하는 문제는 우리의 의지와는 상관없다. 투자를 한 후 우리가 할 수 있는 일은 오르게 해달라고 기도하는 것 뿐이다. 하지만 −50%의 손실률은 통제가 가능하다. 손실이 발생하는 것이 눈에 보이기 때문에 주식은 매도하면 되고 펀드는 환매하면 된다. −50%까지 가기 전에 각자가 사전에 정한 손실률에 이를 때 즉각 투자자금을 회수하는 것이다.

그러므로 중장기적으로 투자할 때 개인은 관리차원에서 손실한도에 더 신경써야 한다. 100%의 수익을 얻지 못했더라도 −50%의 손실이 발생하지 않았다면 100%의 수익과 −50%의 손실을 기록한 사람보다 투자수익률은 더 높게 나올 것이다. 위험관리만으로도 수익률이 높은 사람보다 더 좋은 결과를 가져갈 수 있다는 뜻이다.

다시 주부 김 씨의 이야기로 돌아가 보자. 김 씨는 첫 번째 투자에서 거둬들인 수익에 현혹된 나머지, 그 다음 투자시행 시 자신의 위험 감내 수준을 고려하지 않고 큰 비중의 자산을 투자했다. 앞서 살펴 본 바와 같이 동일한 자산으로 운용을 하더라도 손실과 수익의 비율이 비대칭적이기 때문에 위험관리에 특히나 신경을 써야 하는데 자산마저 비중을 늘린 상태이기 때문에 약간의 손실에도 기존의 투자에서 얻어낸 수익금의 상당 부분이 없어지게 된다.

김 씨가 투자한 중국펀드는 변동성이 큰 자산이다. 펀드 자체도 변동성이 큰데 특히나 중국펀드는 중국 자체의 변동성 때문에 다른 펀드에 비해 위험이 더 크다. 100% 수익이 가능하다는 것은 100%의 손실도 가능하다는 뜻임을 염두에 두어야 한다. 높은 수익률에 현혹된 나머지 위험관리 없이 본능에 충실한 투자를 하면 안된다. 투자는 이성적으로 해야 한다. 투자라는 시간 싸움에서 장기간에도 지치지 않는 쪽은 이성이다. 본능에 따라 투자를 하면 몇 번은 횡재하여 수익을 낼 수 있지만 지속적인 승률을 유지하는 것은 어렵다. 자신의 동물적 투자감각이 뛰어나다고 생각하는 사람도 기본적인 위험과 수익의 관계는 이해하고 투자에 임해야 한다.

한 번의 성공과 한 번의 실패로 '투자의 궁합'을 운운하는 것은 옳지 않다. 펀드가 어떤 상품인가? 전문가들이 입이 닳도록 이야기하는 '중장기' 투자상품이다. 단기적으로 수익을 내는 상품이 아니라 시장의 중장기적인 전망을 통해서 투자 여부를 판단하며 그 과정에서 위험관리를 하면서 꾸준한 수익을 내기 위한 시장추종 상품인 것이다. 그래서 펀드는 '그 국가의 경제성장의 혜택을 누리는 상품'이라는 말이 생겨난 것이다.

경제성장은 몇 개월만 지켜보고 판단하는 것이 아니라 짧게는 1년 길게는 수년간의 성장 추이를 보고 평가한다. 그렇듯 펀드 역시 큰 시각으로 살펴보아야 한다. 물론 이런 투자과정에서 정말로 중요한 것은 위험관리이고 위험관리를 적절하게 할 경우 어설픈 수익률을 내는 것보다 훨씬 더 값진 결과가 나올 수 있다는 것을 명심하도록 하자.

끈기 있는 자가 터널의 끝을 본다

대기업에 근무하는 최 대리는 얼마 전 펀드를 시작했다. 장기적으로 보고 투자를 하겠다는 각오로 발을 들여 놓았지만 펀드투자를 하자 마자 주식시장이 하락세에 접어드는 바람에 부랴부랴 펀드를 환매했다. 자신의 적성에는 펀드가 맞지 않는다고 생각할 무렵 다시 주식시장이 활기를 띠기 시작하자 마지막이라 생각하며 펀드에 투자하여 수익을 낸 후 환매했다. 수익이 나긴 했지만 최 대리가 펀드를 환매한 후 주가는 더 상승했다. 그는 혼자서 고민하다가 결국 상담신청을 했다. 첫 투자 타이밍은 좋지 않았지만 두 번째는 타이밍이 적절했다고 생각했다. 하지만 주가는 이후에도 더 올랐기 때문에 그는 어떤 식으로 투자에 접근해야 하는지 감이 잡히질 않았다. 마냥 쥐고 있다가는 첫 투자 때처럼 등락을 겪다가 이익을 얻지 못할 수도 있다는 걱정이 들었기 때문이다.

최 대리는 주가가 하락하는 바람에 본의 아니게 중장기 투자를 하게 된 '비자발적 장기 투자자'는 아니다. 오히려 자신이 본 이익은 잘 챙겨가는 영리한 투자자의 부류에 가깝다. 하지만 아쉬운 부분이 있긴 하다.

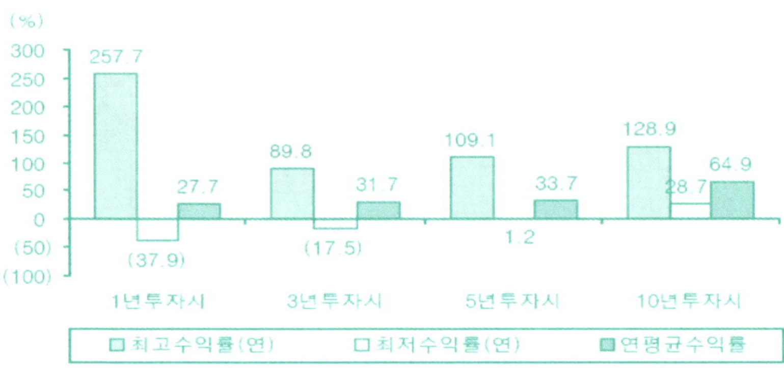

(자료 : 삼성증권)

우선 투자기간별 최고수익률과 최저수익률의 편차를 살펴보기로 하자. [그림 2-2]는 1990년부터 2005년까지 삼성전자, 한국전력 등 11개 대표 우량주 종목에 각각 동일한 금액을 투자했을 때 투자기간에 따른 최고수익률과 최저수익률의 움직임을 나타낸 것이다. 눈에 띄는 부분은 1년 투자 시 최고수익률이 연 257.7%까지 치솟았지만 손실률 또한 −37.9%를 기록하면서 각각의 투자기간을 통틀어 가장 높은 수익률과 가장 낮은 수익률을 모두 차지했다. 이는 수익률의 변동폭이 매우 크다는 것을 의미한다. 이 자료에 따르면 1년 이내 투자를 시행하면 200%가 넘는 수익률을 얻을 수 있지만 동시에 연간 약 38%의 손실을 볼 수도 있음을 알 수 있다.

투자기간을 조금 더 장기적으로 살펴보면 투자기간이 늘어날수

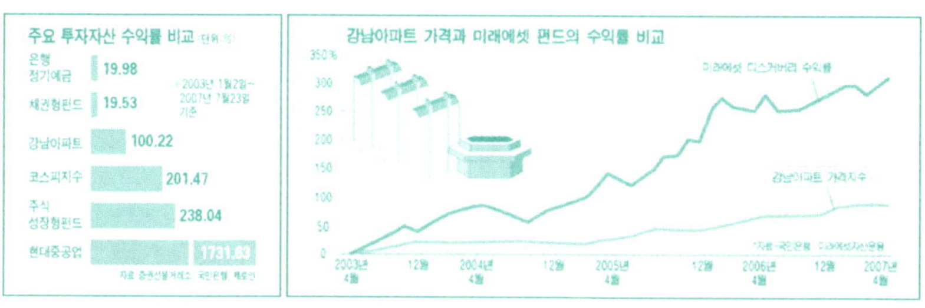

록 최고수익률의 크기는 작아지지만 최저수익률 또한 28%까지 올라오면서 손실률을 크게 줄이는 모습을 볼 수 있다. 특히 5년이 넘어가면 마이너스 손실률이 사라지고 최저수익률도 플러스로 돌아서게 된다. 10년 동안 투자할 경우에는 연평균수익률이 가장 높은 수치를 기록하고 있다.

[그림 2-3]을 보면 '펀드 르네상스 시대'라는 말을 피부로 느낄 수 있다. 불패 신화를 가지고 있는 부동산의 경우 그 명성답게 2003년부터 2007년 7월까지 강남아파트의 평균수익률이 100%에 이르고 있다. 하지만 동기간 종합주가지수는 200%가 넘는 상승률을 보였다. 성장형펀드의 평균수익률이 238%였는데 몇몇 대표펀드들의 경우에는 무려 400%를 넘기도 했다. 주식형펀드의 경우 주식 매매차익이 비과세라는 점을 감안하면 세후수익률은 더 두드러진다.

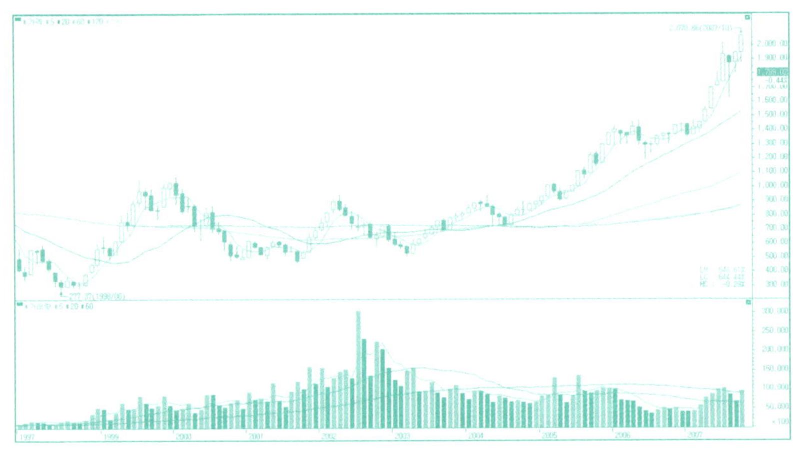

그런데 과연 수백 퍼센트의 수익률을 가져간 사람의 수는 얼마나 될까? 앞의 사례에 소개된 최 대리 또한 실질적으로 펀드를 투자하고 환매하는 타이밍은 적절했다. 그렇지만 그가 가져간 수익률은 동기간 주식 성장형펀드의 평균수익률 238%의 절반에도 미치지 못했다. 그나마 들어갈 때와 나갈 때의 타이밍이 비교적 정확한 편이었기 때문에 그 정도의 수익률이 나온 것이다. 의외로 많은 사람들이 타이밍에 실패하여 수익을 얻지 못하는 경우가 많다.

이는 최 대리나 일부 몇몇 사람들만의 이야기는 아니다. [그림 2-4]의 종합주가지수 월봉 추이를 보자. 이 차트는 최근 몇 년간 종합주가지수의 움직임을 월 단위로 표시하여 나타낸 것인데 눈에 띄는 부분은 2003년 이후 우리나라 주식시장은 5년 연속 연초 지수보다 연말 지수가 항상 높게 형성되었다는 것이다. 많은 사람들이 5년간 주식시장의 변동폭이 컸다고 생각하고 있지만 실제로는 장기적인 상승추세를 그리고 있었다. 다만 그 과정에서 나타난 등락이 투자자들에게 심리적으로 큰 부담이 되었을 뿐이다.

많은 사람들이 중장기적인 시간을 투자하여 펀드에 접근해야 한다는 의견에 수긍한다. 그러나 그것은 어디까지나 머리로만 이해하는 것뿐이고 주식시장이 조금만 불안해져도 사람들의 마음은 흔들린다. 오히려 직접투자자들이 시장의 변동에도 꾸준히 주식을 보유하고 있다가 큰 성공을 거두기도 한다.

매수후 보유(Buy and Hold) 전략이 무조건 옳다는 말은 아니다. 시장의 패러다임이 바뀌면서 매수후 보유 전략이 통하지 않는 때도 많아졌다. 그러나 펀드는 개별종목과는 다르다. 이미 펀드는 업종별 분산투자를 잘 해놓았기 때문에 시장수익률 플러스 알파를 추구한다. 따라서 시장이 상승한다는 전제가 있으면 펀드수익률 역시 상승할 가능성이 매우 높다. 개별종목은 주식투자에 우호적인 분위기가 조성되고 개별 기업의 펀더멘털이 뒷받침 되거나 기업의 호재가 있어야만 상승추세를 이어갈 수 있다. 따라서 시장이 상승추세에 있을 때 개별종목의 매수후 보유 전략이 실패할 가능성은 다분하지만 펀드의 매수후 보유 전략은 실패할 가능성이 극히 적다고 할 수 있다.

다시 한번 왜 펀드투자를 하는지 생각해 보라. 저점에 매수해서 고점에 팔고자 하는 것은 자본시장에서 투자 관련업을 하는 모든 이들의 꿈이다. 하지만 그건 어디까지나 꿈일 뿐이다. 저점매수 고점매도가 힘들기 때문에 펀드로 추세를 타고, 투자하는 국가나 지역의 자본시장 추세가 우상향인지 우하향인지를 판단하는 것이다. 더 쉽게 표현하면 해당 국가나 지역이 소비가 활발한지 기업들의 경쟁력이 높은지 설비투자가 잘 이루어지고 있는지 시장이 안정화 되었는지 잠재성장력이 높은지 등의 변수를 파악하라는 것이다. 그 후 매력점을 발견했다면 과감히 투자를 하고 기다리면 된다. 펀드 는 중장기적인 시각으로 투자하라. 재테크는 시간과 인내와의 싸움 이라는 것을 결코 잊어선 안된다. 끈기 있는 자만이 터널의 끝을 볼 수 있다.

수익률만 보고 움직일 것인가?

얼마 전 신문에 소개된 '수익률 최우수 펀드' 기사를 보고 직접 펀드에 가입한 주부 박 씨는 요즘 마음이 편치 않다. 늘 증권사 직원의 소개로 펀드에 투자를 하다가 이번에 혼자 힘으로 펀드를 결정했는데 수익률이 신통치 않았던 것이다. 펀드 투자경력은 1년 반 정도됐지만 실상 수익률 이외에 투자에 앞서 고려해야 할 것이 무엇인지 전혀 모르고 있는 자신이 조금은 답답하게 느껴졌다. 이렇게 될 줄 알았다면 차라리 직원의 추천을 받는 편이 나았겠다는 아쉬움이 들기도 했다.

펀드계좌수로만 따지면 우리나라는 두 집 당 한 집 꼴로 펀드투자를 하고 있다. 바야흐로 펀드투자의 전성기라 할 수 있다. 펀드로 이름을 날린 모 자산운용사의 계열 증권사 객장에는 펀드투자를 하려는 고객들의 늘어선 줄 때문에 직원들이 점심을 거르고 있으며 인근 금융기관이 반사이익을 본다는 우스개 소리도 들리고 있다.

부동산에서 뺀 돈으로 펀드에 투자하는 일은 이제 쉽게 볼 수 있
는 광경이 되었고 주식투자에 대해서는 부정적인 투자자들이 펀드
투자에 있어서는 매우 관대한 진풍경이 벌어지기도 한다. 펀드가 대
한민국을 들끓게 하고 있지만 정작 사람들이 펀드를 투자할 때 꼼꼼
하게 따져 보는 항목은 몇 개나 될까?

[그림 2-5] 미국 투자자들의 펀드 선택 시 고려사항
(자료 : Understanding Investor Preference for mutual fund information, 2006)

펀드 선정 전 고려사항	펀드 선정 후 고려사항
펀드의 보수와 비용 (74%)	펀드의 과거성과(69%)
펀드의 위험(61%)	펀드의 가격(58%)
펀드의 투자종목유형(57%)	펀드의 최소투자금액(55%)
펀드 성과(76%)	펀드의 기초자산(73%)
펀드의 가격(60%)	펀드의 보수와 비용(55%)
펀드의 포트폴리오(41%)	

[그림 2-5]와 같이 펀드 문화가 상대적으로 잘 발달되어 있고 역
사가 긴 미국의 경우 개인들이 펀드투자 전과 후에 점검하는 항목은
매우 구체적이다. 아직까지 대부분은 수익률만을 좇는 우리나라의
펀드투자자들과는 달리 펀드 포트폴리오부터 수수료, 위험, 가격,
투자종목유형 등에 이르기까지 다양한 항목을 체크리스트에 올리고
판단한다.

펀드에 투자한 사람이라면 분기별로 한 번 이상씩 펀드운용사에

서 보내주는 보고서를 받아 본 적이 있을 것이다. 이 보고서에는 펀드를 운용하는 매니저들의 출신학교부터 펀드의 전략, 편입 종목 등이 나타나 있으며 심지어는 보유종목의 매수사유까지도 상세하게 소개되어 있다. 펀드투자자들에게 이 운용보고서를 얼마나 참고하는지를 현장에서 물어보면 대부분은 대수롭게 여기지 않는다고 답한다. '우리는 당신의 소중한 자산을 이런 사람들이 이렇게 운용을 하고 있습니다.' 라는 중요한 정보인데도 말이다.

더욱 문제가 되는 부분은 이 보고서만으로는 일반 펀드투자자들이 판별하기 힘든 내용이 있고 그 문제가 펀드운용에 있어서 심각한 영향을 줄 수 있기 때문에 일반 펀드투자자들은 좀 더 신경 써서 적극적으로 내용을 연구해야 한다는 것이다. 다음 사례를 살펴보자.

펀드투자자 나몰라 씨는 금융기관에 방문하여 펀드를 추천받기로 했다. 증권사 직원은 A펀드와 B펀드를 함께 추천했다. A펀드는 최근 1년간 수익률이 15%, B펀드는 20%를 기록했다. 설정일이 비슷하고 동일한 지역에 투자를 하는 펀드라면 대부분의 펀드투자자들은 B펀드를 선택할 것이다. 겉보기에는 비슷해 보이기 때문에 수익률만을 따져 B펀드를 선택하는 것이다.
하지만 속을 들여다 보니 전혀 다른 문제가 도사리고 있었다. A펀드는 편입종목이 대부분 블루칩이라 불리는 우량주인데 반해 B펀드는 코스닥 기업 중에서 상장폐지 가능성이 매우 높은 회사들에 투자하는 펀드였던 것이다.

B펀드는 자칫 잘못하면 기업이 상장폐지되어 주식이 휴지조각이

될 수도 있는 위험성이 높은 펀드인데 수익률이 20%를 기록했고, A
펀드는 업종 대표 우량기업들에 투자하는 펀드로 다른 종목들에 비
해 위험성이 낮으며 수익률은 15%를 기록했다.

이 경우 A펀드의 15% 수익률은 B펀드의 20% 수익률보다 훨씬
월등하다고 볼 수 있다. B펀드는 운이 좋아 20%의 수익률이 났지만
실상은 벼랑 끝에서 간신히 살아났다. 반면 A펀드는 변동성(위험)이
적은 우량주 중심으로 투자를 하면서도 B펀드에 비해 그다지 뒤처
지지 않는 수익률을 기록했으므로 더 훌륭한 상품이 되는 것이다.

이는 펀드운용에 관련된 정보를 입수했을 때 판단할 수 있는 사
항이기 때문에 개인투자자가 이러한 정보를 얻기는 힘들다. 단순히
눈에 보이는 성과라 할 수 있는 수익률만이 개인투자자들의 가장 입
맛 당기는 미끼가 되는 것이다. 이러한 개인들의 고민을 덜어주고자
윌리엄 샤프(William Sharpe)라는 노벨 경제학상 수상자는 위험을 고
려한 운용성과를 측정하는 샤프지수(Sharpe ratio)를 개발했다.

샤프지수는 운용성과가 과도한 위험부담에 따른 것인지 아니면
현명한 투자판단에 따른 것인지를 구분하는 것을 목적으로 하는 평
가 척도이다. 간단히 말해서 내가 투자하고 있는 펀드가 위험대비
무위험수익률보다 얼마나 더 성과가 났는지를 알아보는 것이다.

[표 2-3] 국내 주식형 주요펀드의 위험조정성과 (2007년 6월 기준)

구분	주요 펀드명 (주요 설정액 상위)	설정일	설정액 (억)	주식비중 (%)	수익률 (%)	위험관련지표 연표준편차(%)	베타	샤프지수	트레이너지수	알파(%)
일반형	미래에셋디스커버리주식형	2001.07.06	12.669	93.0	34.2	26.5	1.05	1.52	0.38	23.0
	미래에셋인디펜던스주식형K- 2Class A	2006.10.19	7.736	93.1	31.0	25.3	1.03	1.45	0.36	19.9
	미래에셋솔로몬주식 1	2002.12.03	8.067	92.9	30.7	26.0	1.05	1.39	0.35	19.1
	삼성당신을위한리서치주식총류형 1A클래스	2007.01.02	5.343	97.8	31.5	26.5	1.07	1.36	0.34	18.5
	미래에셋인디펜던스주식 3(CLASS-A)	2005.12.12	7.243	93.1	29.4	25.6	1.04	1.30	0.32	16.5
	미래에셋3억만들기솔로몬주식 1(C-A)	2003.12.31	17.707	92.7	29.8	27.0	1.10	1.27	0.31	16.3
	KTB마캣스타주식_A	2005.03.03	9.874	95.5	29.5	26.7	1.10	1.26	0.30	15.6
	미래에셋인디펜던스주식형 1	2001.02.14	11.377	93.3	28.3	25.6	1.05	1.25	0.30	14.9
	미래에셋인디펜던스주식 2	2005.01.17	9.530	92.5	30.9	27.8	1.12	1.24	0.31	16.2
	미래에셋3억만들기인디펜던스주식K- 1	2005.01.18	13.452	91.3	28.1	25.3	1.02	1.23	0.30	14.4
	미래에셋디스커버리주식 2(CLASS-A)	2005.11.01	14.515	91.4	30.1	27.9	1.13	1.22	0.30	15.6
	미래에셋디스커버리주식형 3CLASS-A	2005.12.07	8.382	92.6	27.3	24.8	1.01	1.22	0.30	13.8
	미래에셋3억만들기좋은기업주식K- 1	2004.01.02	19.037	90.1	24.0	24.4	1.01	1.14	0.27	11.2
	칸서스하베스트적립식주식 1ClassK	2005.01.26	6.235	94.0	21.2	26.2	1.08	0.79	0.19	3.1
	미래든적립식주식 1	2003.12.31	6.758	96.7	20.6	24.6	1.01	0.76	0.19	2.3
가치형	한국밸류10년투자주식 1	2006.04.18	7.474	95.5	43.4	21.8	0.86	2.61	0.66	42.8
	세이가치형주식(종류형)A 1	2006.10.17	2.787	93.6	43.0	24.6	0.96	2.23	0.57	39.2
	신영마라톤주식(A형)	2002.04.25	4.231	93.9	37.2	22.3	0.92	2.12	0.52	32.5
	유리스몰뷰티주식 C	2004.08.16	1.750	77.7	40.7	25.3	0.96	2.03	0.53	35.6
	한국부자아빠거꾸로주식A- 1ClassA	2003.12.18	1.389	99.2	25.6	22.9	0.91	1.32	0.33	15.4
배당형	신영밸류고배당주식 1 C1	2003.05.26	2.478	92.2	34.0	20.5	0.82	2.07	0.51	28.9
	프라임배당적립식주식	2005.01.18	2.506	93.7	33.5	20.7	0.84	2.01	0.50	28.0
	프라임배당주식	2004.11.16	2.087	93.8	30.7	20.7	0.84	1.81	0.45	23.8
	클래스원배당60주식 1종류C	2003.05.23	3.470	94.2	30.5	24.7	0.99	1.41	0.35	18.7
	마이다스블루칩배당주식 C	2004.10.19	2.694	96.7	29.2	24.6	1.00	1.33	0.33	16.6
	미래에셋3억만들기배낭주식 1(CLASS-A)	2004.09.21	2.283	96.6	17.7	25.4	1.02	0.64	0.16	-0.4
테마형	CJ지주회사플러스주식 1-A	2007.01.15	3.290	95.9	45.6	28.1	1.11	1.95	0.50	36.8
	CJ지주회사플러스주식 1-C1	2007.01.15	2.355	95.9	44.9	28.1	1.11	1.91	0.49	35.8
	한국삼성그룹적립식주식 1Class A	2004.11.01	22.674	90.1	31.6	28.9	1.15	1.24	0.31	17.2
	한국골드적립식삼성그룹주식 1	2004.07.20	2.736	91.4	31.7	29.5	1.17	1.21	0.30	16.6

자료 제로인, 한국투자증권

샤프지수 = (펀드수익률−무위험수익률)/변동성

샤프지수가 높으면 위험을 고려했을 때 성과를 잘 냈다는 것이므로 좋은 펀드라 볼 수 있고, 샤프지수가 낮으면 펀드의 수익률이 훌륭할지는 몰라도 과도한 위험으로 인해 언제 어떻게 펀드수익률이 망가질지 모른다는 뜻이므로 위험한 펀드라고 판단할 수 있다.

[표 2-3]을 보면 대표펀드별로 샤프지수가 나와 있다. 우리가 선호하는 펀드 중에 샤프지수가 기대만큼 높은 펀드도 있고 유명세에 비해 샤프지수가 낮은 펀드도 있다. 표를 자세히 보면 베타, 연표준편차, 트레이너지수, 알파지수라는 용어가 나오는데 이들은 샤프지

수를 포함하여 단순펀드 관련지표라 불린다.

일반 펀드투자자들이 이 용어까지 알 필요는 없다. 단순펀드 관련지표라는 이름에서 알 수 있듯이 이 지표를 읽을 수 있다고 해서 펀드투자를 잘하는 것도 아니고 모른다고 손해보는 것도 아니다. 다만 펀드투자에 도움을 준다는 의미인데 단순펀드 관련지표 분석만으로 동일 유형의 펀드투자에 있어서 유의할 만한 성과를 얻는 경우도 있기는 하다. 가장 눈여겨봐야 할 지표는 샤프지수이고 다음이 표준편차이다. 표준편차는 절대적인 위험을 측정하는 방법이다.

표준편차는 통계학에서 자주 등장하는 시그마(σ)를 의미한다. 표준편차가 클수록 평균치에서 떨어진 값들이 많이 있다는 것인데 이를 펀드에 적용하면 표준편차가 크다는 것은 펀드의 성과가 일정치 못하다는 것을 의미한다.

예를 들어 C펀드의 수익률이 첫 달은 +20%, 둘째 달은 −30%, 셋째 달은 +50%가 나왔다고 하자. C펀드는 평균수익률 자체가 무의미하며 수익률의 변동이 너무 크기 때문에 일반투자자가 중장기적인 투자를 하기에는 부적절하다는 것을 알 수 있다. 이처럼 변동성이 큰 펀드를 표준편차가 큰 펀드라고 하며 표준편차는 절대적 위험을 뜻하므로 그만큼 위험성이 큰 펀드라 할 수 있다.

일반적으로 위험조정성과 평가척도로는 샤프지수(총위험대비 시장초과수익률. 높을수록 좋다), 트레이너지수(시장위험대비 시장초과수익률. 높을수록 좋다), 알파(요구기준 초과수익률. 높을수록 좋다. 펀드의 종목선택능력을 의미하기도 한다) 등이 주로 활용되고 있는데, 단순수익률 기준순위와 위험조정 수익률 순위 간에는 상당한 차이가 존재할 수 있다. 즉 단순하게 수익률이 높은 것만으로 우수 펀드라 할 수 없기 때문에 펀드의 속내를 자세히 살펴보고 결정을 내려야 한다.

향후 국내외 금융시장에는 여러 가지 불확실한 요인이 출현하여 지속적으로 시장에 충격을 주게 될 것이다. 상승추세가 굳건하면 이런 충격이 쉽게 흡수될 수 있지만 그렇지 못할 경우에는 상품에 따라 충격을 흡수하지 못하는 경우도 발생할 것이다. 포트폴리오 위험관리와 성과평가를 할 때에는 일반적인 수익률과 변동성 기준 외에도 다양한 투자목적을 반영해야 한다. 이제는 수익률만을 추구하기보다는 입체적인 각도에서 펀드를 분석하여 숨은 진주를 찾아내는 지혜가 필요하다.

재테크를 하려면 금리부터 정복하라

2006년 중년의 한 신사분이 상담을 의뢰했다. 펀드에 관심이 있어서 펀드투자를 해보려고 공부를 무척 열심히 했다고 한다. 그가 가져온 종이에는 신문에 나온 펀드유형별 추천 상품들이 빼곡히 적혀 있었다.

"주식형 펀드는 ○○○펀드가 좋은 것 같고 채권형펀드는 ×××펀드가 좋은 것 같은데 어떻게 생각하세요? 그런데 채권형펀드는 지금 들어도 괜찮은가요?"

신사분은 신문의 재테크란을 빠뜨리지 않고 챙겨 읽으면서 여러 정보를 수집하긴 했지만 아직 펀드에 대한 기본적인 지식은 습득하지 못한 것 같았다. 특히 주식형펀드가 왜 오르는지 채권형펀드가 왜 수익이 나는지에 대한 개념이 전혀 정립되지 않은 상태였다.

30대 직장인 조 씨는 대출을 받으려고 하는데 향후 금리가 어떻게 될 지 궁금했다. 금리가 내린다면 변동금리 대출을 받는 게 낫고 금리가 오른다면 고정금리 대출을 받는 게 이득일 것 같았다. 하지만 그가 진짜로 궁금한 건 금리란 도대체 무엇이며 변동되는 이유가 무엇인지였다. 금리에 대해서 조금만 알아도 예금, 대출, 채권, 펀드 등을 활용해 재테크하는 데 도움이 될 것 같았다.

금리는 쉽게 말해 '돈의 가치'를 말한다. 돈의 가

치를 측정하는 방법은 다양하다. 물건(돈)을 빌려 쓰는 대가로 얼마의 가치를 지불해야 하는지에 대한 수수료의 개념이 될 수도 있고 그 물건(돈)을 남에게 빌려 주었을 때 사용하지 못하는 불편함에 대한 보상비용의 개념이 될 수도 있다.

돈은 유통되는 물량이 한정되어 있다. 한국은행에서 쉬지 않고 돈을 찍어 낸다고 하지만 유통속도에 비해서는 발행 물량이 적다. 또한 한국은행은 시중의 통화량을 조절해야 하는 책임이 있기 때문에 무턱대고 돈을 찍어낼 수도 없다. 그러다 보니 돈을 필요로 하거나 빌려 주고 싶어하는 사람들이 생기게 된다. 재화(돈)에 희소성이 생겼기 때문이다. 이 거래는 개인과 개인, 개인과 기업, 기업과 정부 사이에서 이루어질 수 있다. 즉 경제의 기본 주체인 가계, 기업, 정부에 모두 해당되는 내용이다.

이를 빌려주는 입장에서 살펴보자. 빌려 주는 사람은 돈을 빌려 준 데 대한 보상을 받아야 한다. 그는 돈을 빌려 줌으로써 먹고 싶은 것이나 사고 싶은 것의 소비를 잠시 뒤로 미루게 되며 돈을 빌려간 사람이 혹시나 돈을 못갚지 않을까에 대한 불안감도 품게 된다. 즉 금리는 돈을 사용할 수 있는데 빌려줌으로써 사용하지 못한 데 대한 보상의 개념인 기회비용으로 표현할 수도 있고 빌려 준 돈을 못 받

을 사태(위험)에 대한 보상이 될 수도 있다. 그런데 이러한 비용을 객관적인 수치로 제시하기는 힘들다.

A라는 펀드는 연 10%의 수익을 보장한다. A펀드에 투자를 하는 사람도 있고 하지 않는 사람도 있을 것이다. 투자를 결정하는 사람은 자기 돈을 쓰는 데 대한 보상을 연 10%의 수익률로 채우고자 한다. 연 10%의 수익률은 투자를 결정한 사람에게 적정금리가 되는 셈이다.

예금의 경우를 보자. 은행예금은 최근 연 5~6%의 금리를 제공하고 있는데 이 금리에 만족하며 은행에 예금을 맡기는 사람이 있는 반면 더 높은 수익률을 찾아 펀드, 주식, 부동산 등으로 자금을 돌리는 사람들도 있다. 공급(연 5~6%의 예금금리 제공)과 수요(예금자)가 있기 때문에 일정수준에서 시장의 균형이 이루어지는 것이다.

이를 현실 경제에 적용시켜 보자. [그림 2-6]에서 우리나라의 정기예금금리 추이를 보면 과거 1960~1970년대의 금리수준이 매우 높았음을 알 수 있다. 당시 우리나라의 GDP성장률은 연평균 8%대 수준이었다. 1980년대부터 현재까지 중국의 연평균 경제성장률이 9%대라는 것을 감안하면 한국 역시 고속성장을 했다는 것을 확인할 수 있다. 우리가 알아야 할 부분은 왜 1960~1970년대의 정기예금금리가 왜 그렇게 높았냐는 것이다. 답은 간단하다. 돈이 희귀했기 때문이다. 즉 돈의 희소성 때문에 가치가 높아져서 돈의 가치인 금리가 높아진 것이다.

예를 들어 A라는 국가에 현금이 100억 원 밖에 없다고 가정해 보자. 처음에는 10개의 기업이 10억 원씩 연 5%의 대출금리로 빌려갔다. 경제가 급속도로 발전하자 기업 수가 10개에서 20개로 늘어났고 필요한 자금 규모도 10억 원에서 20억 원으로 늘었다. 이제는 400억 원이 필요하게 된 것이다. 하지만 A국가에 있는 현금은 여전히 100억 원뿐이다. 이렇게 되면 은행에서는 대출방법을 변경해야 한다. 돈은 한정되어 있으므로 은행은 자신의 이익을 늘리기 위해 대출금리를 올린다. 대출금리를 연 5%에서 연 10%로 올렸는데 빌리려는 기업이 그래도 15개나 된다. 그러면 다시 연 10%에서 연 15%로 올린다. 이제는 빌리려는 기업이 10개로 줄었다. 이때 은행은 10억 원씩 10개 기업에 연 15%의 대출금리로 돈을 빌려주거나 금리를 더 높여 대출 경쟁자를 5개까지 줄인 후 20억 원씩 빌려주는 방법을 택할 수도 있다.

하지만 은행은 여기서 더 생각을 해보게 된다. 돈이 더 많다면 더 많은 기업에 돈을 대출해 주어서 이익을 늘릴 수 있다. 은행이 돈을 끌어오는 가장 좋은 방법 중 하나는 은행에 개인들의 예금을 예치하는 것이다. 예금금리를 높일수록 개인의 자금은 더 은행에 몰릴 것이다. 따라서 예금금리를 높이더라도 자금을 유치해서 다시 고금리로 기업에 대출해 주는 방법을 택할 가능성이 높다.

이렇게 대출금리와 예금금리가 올라가는 것은 모두 시중 자금이 부족해서(돈의 가치가 높아져서) 일어난 일들이다. 1960~1970년대는 한창 경제개발이 진행되던 시절이라 새로운 사업을 준비하는 기업들이 설비투자를 늘여 생산시설을 확대하느라 자금이 필요했던 초과수요 상태였던 것이다. 우리가 잘 느끼지 못하지만 금리 역시 수요와 공급이 작용하는 시장이다.

이렇게 금리가 바뀌면 사회에 어떤 영향을 미칠까? 직장, 가계, 정부에 모두 영향을 미치게 된다. 대출금리가 매우 낮은 수준인 연 1%라고 가정해 보자. 이렇게 되면 기업들은 새로운 사업 구상을 서둘러 추진하게 된다. 연 1%의 대출금리는 돈을 거저 빌리는 수준이기 때문에 사업성만 있다면 과감한 투자를 할 수 있다. 기업이 이렇게 과감하게 투자하면 고용이 늘어난다. 경제 규모가 커지는 만큼 일자리가 증가한다. 또한 규모가 확대되었으므로 기업의 생산량도 눈에 띄게 증가하게 되고 늘어난 생산 규모가 소비로 이어져 정부의 세금 확보도 용이하게 된다. 즉 경기가 전반적으로 활기를 띠게 되는 것이다.

개인에게는 어떤 영향을 미칠까? 예금금리가 연 1% 수준이라고 가정해 보자. 예금을 맡겨도 연 1%의 이자 밖에 얻을 수 없다면 많은 사람들이 은행보다 더 높은 수익을 올릴 수 있는 쪽으로 자금을 이동시키려 할 것이다. 여기에 물가상승률이 3% 정도된다고 하면 은행에 1년 동안 예금를 맡기면 1년 후 실질금리는 −2%가 되는 어처구니 없는 현상이 발생한다.

그러면 개인은 만족스럽지 못한 예금에 맡기기 보다는 높은 수익을 얻을 수 있는 부동산이나 주식시장에 눈을 돌린다. 부동산의 경

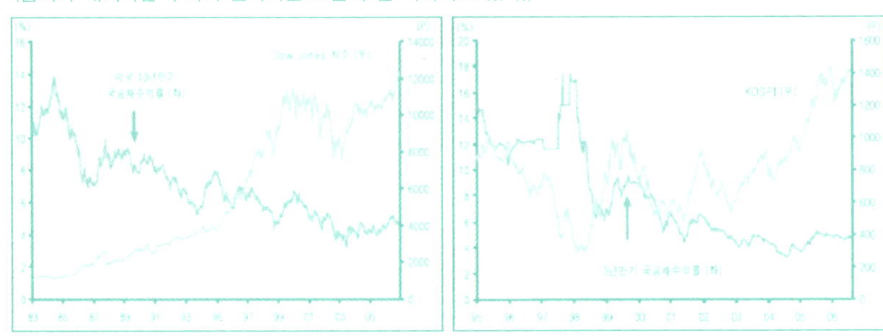

[그림 2-7] 미국(左)과 한국(友)의 금리 및 주가의 움직임
(금리가 내려가면 주가가 올라가는 모습이 잘 나타나고 있다.)

우는 연1%의 대출금리로 쉽게 자금조달을 할 수 있기 때문에 이 기회에 내집 마련의 꿈을 이루려는 사람들도 많이 생길 것이다.

이는 부동산시장의 수요를 증가시키는 결과를 가져온다. 주식시장에도 낮은 예금금리에 만족하지 못한 자금이 몰려 위험을 감수하고라도 수익을 내려 할 것이다.

아파트 청약경쟁률이 수백 대 일에 달하고 종합주가지수가 1,000포인트를 넘어 2,000포인트에 육박하는 자산가치 증식 시기의 배경에는 이러한 금리의 비밀이 숨어 있다. 그만큼 금리는 일자리 창출, 기업의 성장성, 국가의 세금 측면뿐 아니라 재테크에도 직결될 만큼 중요한 변수이다.

주가가 주식시장에서 형성되듯이 금리는 채권시장에서 형성된다.

여기에는 정부의 정책, 수요와 공급, 시장참여자들의 심리 등 다양한 요인들이 작용한다. 일반 사람들이 이러한 여러 가지 변수들을 검토하고 금리를 예측하기는 어렵다. 그러나 적어도 금리가 인상되거나 인하될 때 사회와 경제가 어떻게 움직이는지에 대해서는 기본적인 지식을 갖추고 있어야 한다. 늦지 않았다. 지금이라도 경제신문을 가까이하면 서서히 금리를 이해하는 시각을 갖출 수 있을 것이다.

무조건 아끼고 모으는 게 최고?

"잘 살아보세. 잘 살아보세. 우리도 한번 잘 살아보세!"

1970년대 새마을운동이 한창일 때 울려퍼지던 노래의 한 구절이다. 우리나라의 낙후된 농촌경제에 대해 짐작할 수 있는 대표적인 구호이기도 하다. 얼마나 먹을 것이 부족하고 경제적으로 힘들었으면 국가적인 구호에 '잘 살아 보세'라는 말이 들어갔을까. 당시와 비교해 보면 현재 우리나라의 경제는 눈부시다.

그렇게 힘든 시기를 보낸 국민들 사이에 형성된 공감대는 '저축'이었다. 정부의 국산품 애용, 반공, 피임 등과 더불어 저축장려 캠페인의 역할도 큰 몫을 했다. 이러한 정서를 바탕으로 경제성장을 이

끈 세대들은 '저축'을 유일한 금융재테크 수단으로 생각하고 있으며 아직까지도 저축이 최고라고 생각하는 사람들이 많다.

최근의 재테크 환경을 살펴보면 '저축'은 과거 고금리 시대에 착실하게 이자로 돈을 불려주는 재테크 수단으로서의 가치를 상실하고 있다. 저축만으로 부자가 되고 이자수입으로 생활비를 보탠다는 말은 호랑이 담배 피우던 시절 이야기가 되어 버린 것이다.

모으고 아끼면 잘 산다는 식의 막연한 재테크 방법은 복잡한 현대사회를 살아가는 사람들에게는 다소 미련하게 보이기까지 한다. 생활비 아끼고 전기 절약하고 물 아껴 쓰면서 모은 돈으로 저축을 했는데 은행 이자는 연 5% 내외 수준이고, 세금 제하고 돈의 가치 하락분까지 제하고 나면 손에 쥐어지는 이익은 거의 없다. 원금보장이 된다는 장점만 있을 뿐이다.

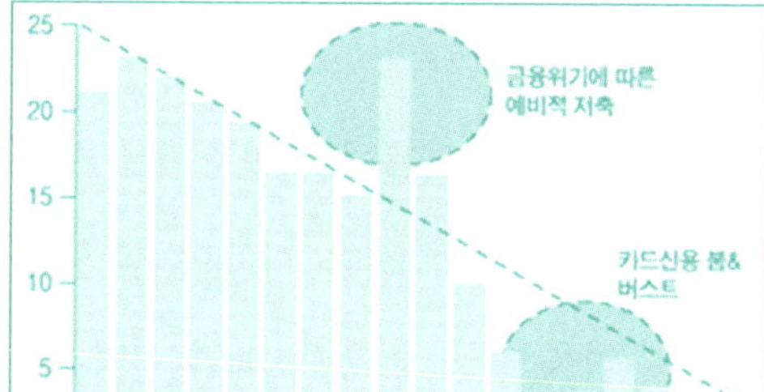

[그림 2-8] 개인저축률 추이　　(자료: 한국은행, 삼성증권)

사람들은 미래의 불확실성이나 위험에 대한 체감도가 높아질 때 저축을 한다. 이를 '예비적 저축(precautionary saving)'이라 하는데 50대

이상 장년층의 저축률이 높은 이유 또한 평균수명 증가와 노후에 대한 불안감 때문이다. 하지만 최근에는 개인저축률이 급격하게 줄어들고 있다는 통계를 심심치 않게 접할 수 있다.

1997년에 있었던 금융위기와 2002~2003년의 카드 대란으로 경제가 혼란스러웠던 시기의 '예비적 저축'을 제외하고 저축률은 꾸준하게 하락세를 보이고 있다. 특히 외환위기 이후 저축률 하락속도는 다른 국가에 비해서도 무척 빨라졌다.

이러한 저축률 하락은 수출호조 등으로 발생한 국민총소득의 상당 부분이 기업이윤으로 귀속되고 실질적으로 가계에는 별 도움이 되지 않는 통계상의 국민총저축률의 상승에 원인이 있다. 소득양극화로 인해 저소득층의 저축률 하락, 교육비와 생활물가 상승으로 소비가 늘어났다는 것 또한 원인으로 꼽을 수 있다.

한편으로는 2000년 이후 급격히 상승한 자산가치에 따른 자금 흐름도 고려해 볼 수 있다. 2000년대 들어서 대부분의 국가 부동산, 주식, 심지어는 원자재에 이르기까지 거의 모든 물가가 최고치를 갱신하는 놀라운 성장세를 보였다. 이 시기에는 자산을 사들인 후 장기간 보유하는 것만으로도 상당한 수익을 거둘 수 있는 소위 '자산 대박의 시기'였다. 이러한 자산시장의 변화를 따라 새로운 투자자산으로 이동하는 개인투자자들이 많아지고 있다.

이들 투자자들은 무조건 돈을 모으는 것이 아니라 효율적인 자산 관리를 하기 위해 투자처를 옮긴다. 고금리 시대에는 돈을 모아서 은행에 가만히 두면 상당한 이자수익을 거둘 수 있었고 목돈을 예치 하면 매월 지급되는 이자를 받아 생활을 할 수도 있었다. 하지만 이 제는 돈을 모으기만 하는 것으로는 수익을 기대하기 힘들다.

물가상승률, 특히 핵심소비자물가와 생계필수형 경비물가(주택, 의료, 교통 관련비용 등)의 상승률은 해를 거듭할수록 높아지고 있고 자녀들의 교육비 관련 물가상승률은 연 10%를 웃도는 실정이다. 1990년부터 2005년까지 15년간 평균물가상승률이 4%대인 반면 대 학등록금의 연평균 상승률은 사립대의 경우 9.2%, 국립대의 경우 7.3%에 이르고 있다. 이런 상황에서는 자산운용수익을 효율적으로 높일 수 있는 전략을 선택해야 하는데 위험을 감수하지 않고 10%대 의 운용수익을 거둘 수 있는 자산을 찾아보기는 결코 쉽지 않다.

자산가격상승시기에는 '저축'만으로 자산을 불릴 수 없다. 분명 히 알아두어야 할 점은 최근 국내 예금금리가 다소 상승하긴 했지 만 현재의 상승분이 우리나라의 경제 여건에 비추어 봤을 때 적절 한 금리수준에 근접한 것일 뿐 재테크로서의 저축의 매력이 되살아

난 것은 아니라는 점이다. 예금과 적금은 은행금고에 돈을 맡기는 역할 그 이상도 이하도 아니다. 은행에 돈을 맡기면서 대여금고료로 우리는 꼬박꼬박 물가상승률이라는 경제적 비용을 지출하고 있는 셈이다.

열심히 아끼고 모아서 확정금리 상품에 돈을 예치해 봤자 돈의 가치를 창출할 수 있는 역할은 하지 못한다. 그러나 조금만 시선을 넓혀 보면 위험을 관리하면서 수익을 챙기는 재테크 사례들을 쉽게 찾아 볼 수 있다. 특히 우리나라는 2005년과 2007년, 두 차례 주식시장이 크게 상승했으며 아시아를 중심으로 한 신흥시장(Emerging Market) 국가들의 주식시장은 연일 뜨겁게 달아오르고 있다.

아끼고 모아서 저축하는 노력만큼 다른 투자대안을 찾아본다면 자산가격상승시기에 제대로 재테크를 할 수 있는 방법을 만날 수 있을 것이다. 과거의 패러다임으로 자본시장을 보지 말고 새로운 시각으로 세상을 바라보라. 미운 오리 새끼 역할을 했던 주식시장이 현재 부를 증대시켜주는 황금알을 낳는 거위로 변했다는 사실을 기억하라.

chapter 3

재테크 배경지식 쌓기

노후준비, 빠르면 빠를수록 좋다
신용카드는 알뜰한 재테크의 시작!
과학적인 부동산 투자전략을 세워라
똑똑한 자산관리를 위한 절세 노하우
신용관리는 부자의 첫걸음
세금은 무조건 내는 게 당연했다

노후준비,
빠르면' 빠를수록
좋다

최근 20세 이상 남녀 1,000명을 대상으로 한 모 연구 기관의 조사 결과에 따르면 10가구 중 3가구는 소득 부족으로 노후준비를 하지 못하고 있는 것으로 나타났다. 만 60세 이상 노인가구 중 25% 가량은 사적이전과 공공부조를 합친 총가구소득이 최저생계비에도 미치지 못한다고 한다. 2004년 보건복지부가 발표한 '전국 노인 생활실태 및 복지욕구조사' 결과를 보면 우리나라 노인의 취업률은 30.8%지만 여전히 농업, 어업, 축산업, 단순노무직 종사자의 비율이 81.7%로 취업자의 대부분을 차지하고 있다. 취업 이유도 경제적 이유가 69.9%다. 대다수가 생계를 위해 일하고 있다는 말이다.

대한상공회의소가 2006년 서울지역 직장인 1,000명을 대상으로 실시한 '직장인 노후대책에 관한 실태조사' 결과를 보면 노후자금을 준비하고 있는 직장인수가 오히려 감소한 것으로 나타났다. 2005년 6월 조사 때는 노후자금을 준비하지 않고 있다는 응답자가 35.4%였으나 2006년 조사에서는 44.9%로 늘어났다.

최근 우리나라의 노후준비 취약성에 관련된 조사 결과가 언론에 자주 소개되고 있다. 동시에 '웰빙', '럭셔리 라이프', '풍요로운 노후' 등의 신조어들이 사회분위기를 주도하고 있는 것과 비교해 보면 다소 씁쓸한 기분이 들기도 한다. 대한은퇴자협회에 따르면 60대 기준으로 보았을 때 은퇴준비가 되어 있는 노인들은 전체의 1/3 수준이라고 한다.

선진국에서는 명예퇴직이나 정리해고보다는 자발적인 은퇴가 많은 편이다. 반면 우리나라는 자녀 사교육비, 대학등록금, 주택대출금, 생활비 등의 무게에 눌려 직장생활을 하다 보면 금세 40대에 들어서고 재산을 모아보기도 전에 회사에서 쫓겨나거나 조기퇴직을 하는 것이 다반사다.

물론 지금은 IMF 구제금융 시절과 비교하여 많이 나아졌다고 하지만 평생직장은 사라진 지 오래고 연령차별금지와 같은 선진적인 사회분위기가 형성되어 있지도 않다. 미국은 1986년 연령차별금지법을 제정하여 정년이라는 개념이 사라졌고 일본은 퇴직자들의 재취업이 매우 활발하게 이루어지고 있다.

한국은행에서 발표하는 소비자 물가는 3%가 넘지 않지만 체감물가는 두 배가 넘는다. 저금리가 지속되다 보니 원금과 높은 이자를 보장받으며 자산을 늘릴 수 있는 시대도 이미 끝났다. 저축보다는 소비, 자산증식보다는 유지에 더 무게가 실리는 생활을 하다보니 노후준비는 남의 얘기인 것만 같고 '열심히 살다보면 어떻게 되겠지'

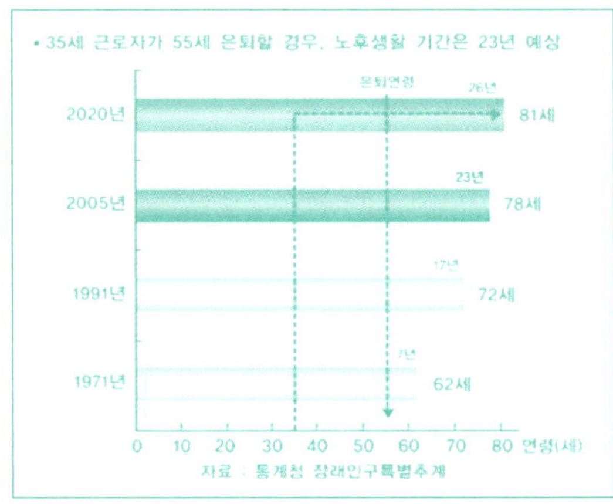

라는 대책 없는 생각을 하는 사람들이 많아졌다.

최근 태어나는 신생아들은 의학과 과학기술의 급속한 발전으로 기대여명이 더 증가할 것이다. 현재 사회생활을 활발하게 하고 있거나 이제 막 사회생활에 진입한 세대들의 평균기대여명은 80세가 넘을 것으로 예측되는데, 현재 평균 은퇴연령은 절반 이상이 40대~50대 초반에 분포하고 있다. 대학을 졸업하여 50대 초반에 직장을 은퇴한다고 가정했을 때 길어야 30여 년을 근무하게 되는 것인데, 남은 30년은 직장근무기간 동안 벌어 놓은 돈에 의지해야 한다는 것이다. 생각만 해도 아찔하다.

[표 3-1] 60세 이상 노인의 주소득원 비교

	한국	일본	미국
근로소득	26.6%	21.6%	15.5%
자산소득 (재산소득, 예금, 연금 등)	9.9%	6.6%	23.3%
사적이전 (자녀의 지원 등)	56.6%	6.6%	1.6%
공적이전 (사회보장, 국민연금 등)	6.6%	57.4%	55.8%

　30년 근로소득으로 30년 노후준비를 한다는 것은 사실상 불가능하기 때문에 선진국에는 공적연금과 사회보장제도가 잘 발달되어 있다. 그러나 우리나라는 공적연금과 사회보장제도와 같은 공적이전 부분이 취약하기 때문에 결국 개인이 노후를 책임져야 한다. [표 3-1]에서 볼 수 있듯이 공적이전이 6.6%로 미국이나 일본이 50%대인 것과 비교하면 초라하기 짝이 없다. 반면 자녀나 친척들의 도움을 받는 사적이전은 일본의 6.6%, 미국의 1.6%와 비교해 56.6%라는 높은 비율을 차지하고 있어서 향후 고령화 시대에 큰 사회적 문제로 대두될 가능성이 높다.

　은퇴전문가들이 책정한 은퇴 후 부부의 적정노후자금은 은퇴 전 생활비의 70% 정도라고 한다. 국민연금으로 그 비용을 충당하기에는 턱없이 부족하며 향후 4대 공적연금의 재정적자가 가속화될 것이라고 보는 시각이 우세한 점을 감안하면 안정적인 노후를 위해서는 개인이 대안을 마련해 놓고 있어야 한다. 그중 먼저 떠올릴 수 있는 것이 2005년 12월부터 시행된 퇴직연금과 개인적으로 일반 금융기관을 통해 준비하는 개인연금이다. 이를 노후를 위한 3층보장제도라고 한다.

　퇴직연금제는 기존의 퇴직일시금 제도의 문제점을 보완하고자

2005년 12월 도입된 새로운 퇴직급여제도이다. 퇴직일시금제도는 1961년에 도입된 최초의 근로자보장제도이며 퇴직자나 실직자의 생계에 큰 도움이 되는 역할을 했으나 노동시장의 변화와 퇴직금 적립의 부실화 등의 문제를 지니고 있었다. 외환위기 시절에는 중소기업부터 대기업까지 줄줄이 도산하면서 퇴직금도 못받고 하루아침에 직장을 떠나야 하는 사람들이 많았다. 기존 제도는 근속년수 1년당 30일분의 평균임금을 퇴직금으로 지불하는 식이었지만 새로운 퇴직급여제도는 퇴직일시금제도와 퇴직연금제를 혼합한 형태이다.

한국노동연구원의 조사에 따르면 퇴직금만으로 가족의 생계유지가 가능한 기간이 5개월 이하인 가구는 70%정도였으며, 조사대상자 중 90% 이상이 1년 이상 퇴직금만으로 가족의 생계를 유지하는 것은 불가능하다고 생각하고 있었다. 이러한 문제점을 개선할 수 있는 제도 중 하나가 퇴직연금제이다. 퇴직연금은 크게 확정급여형(DB, Defined Benefit)과 확정기여형(DC, Defined Contribution)으로 나뉜다.

확정급여형은 가입연수와 퇴직 시 연금 등에 의해 퇴직급여수준이 확정되는 연금이다. 종전의 퇴직금과 마찬가지로 회사의 책임에 의해 운용되기 때문에 근로자의 선택폭이 좁다. 퇴직연금사업자(금융기관)가 운영을 하면서 성과가 좋지 않아서 손실이 날 경우 손실부분을 회사가 보상한다는 장점이 있지만 반대로 이익이 날 경우에는 회사 재산으로 귀속된다.

확정기여형은 근로자의 선택폭이 넓은 상품이다. 회사가 지불하는 퇴직금을 어떤 상품에 운용할 것인가를 근로자가 선택해야 하며 운용방식에 따라서 퇴직금이 변동한다. 따라서 근로자가 퇴직할 시기에 얼마만큼의 퇴직급여를 받느냐는 회사 퇴직연금사업자(금융기관)의 운용능력(운영성적)에 따라 달라지게 된다. 운영성과가 좋을 경우에는 퇴직금액에 플러스 알파의 금액을 받을 수 있고 운영성과가 나빠 손실이 났을 경우에는 손실부분을 근로자가 부담해야 한다.

A라는 40세의 한 가장이 1993년부터 국민연금에 가입했고 급여는 350만 원이며 기대수명은 78세인데, 물가상승률 3.5%, 임금상승률은 6%인 상황에 있다고 가정해 보자. A 씨는 국민연금을 통해서 소득의 30%, 퇴직연금을 통해서 25% 정도의 소득을 보장받을 수 있다. 따라서 그가 부부의 적정노후자금 수준인 퇴직 전 생활비의 70%를 채우기 위해서는 10~20% 정도의 소득보장을 위한 노력만 하면 된다. 보험사, 은행, 증권사 등의 연금 관련 금융상품을 통해 준비하거나 펀드, 주식, 부동산 등을 통해서 자산소득을 증대시켜 보완할

수도 있다. 가장 좋은 방법은 앞에서 언급한 대로 3층보장제도를 따라 개인연금도 준비하고 자산소득을 통해 일정수준의 자산규모로 만들어 놓는 것이다.

모 연구소의 2007년 4분기 소비자태도조사결과에 따르면 우리나라 가계에서 노후준비에 가장 중점을 두고 있는 부분은 국민연금(21.9%), 개인연금(20.9%), 부동산(20.1%) 순이라고 한다. 노후대비 투자가 대부분 연금과 부동산에 집중되어 있는 것이다. 희망 정년은 65.4세로 일반기업의 평균퇴직연령인 50대와는 10년 이상의 차이가 난다. 근로소득에 불만을 가지고 있고 퇴직희망정년은 실제와 격차가 큼에도 불구하고 노후를 위해 준비하는 것은 국민연금과 크기를 알 수 없는 개인연금과 부동산이 전부인 셈이다.

부동산 역시 자산이기 때문에 시장에 공급이 과할 경우 가격이 하락할 가능성이 있다. 일본의 부동산 버블시절, 대출을 받아 부동산을 구매했던 30~40대 직장인들이 부동산 가격이 하락하자, 팔자니 부채상환에 턱없이 모자라고 보유하자니 지속적으로 부채상환을 해야 하는 딜레마에 처했다고 한다.

우리는 지금 당장 한 푼이 아쉽고 한 치 앞도 내다보기 힘든 사회에 살고 있다. 노후생활은 연장전이 아닌 후반전으로 바뀌었고 인생에서 차지하는 비중도 높아졌다. 이제 우리가 어떤 준비를 하고 있고 앞으로 어떤 계획을 세워야 하는지 심사숙고해야 할 때이다. '열심히 살다보면 어떻게 되겠지', '국가에서 어떻게든 해주겠지', '그때 가면 돈이 모여있겠지' 라는 안이한 생각을 버려라. 현재 은퇴준비를 하지 못해 힘든 노후생활을 앞두고 있는 60대 노인의 2/3가 그런 생각을 했었다는 것을 잊지 말라.

신용카드는 알뜰한 재테크의 시작!

전자 관련 기업에 7년 째 근무 중인 김 과장은 친구 부탁으로 만들었다가 한번도 사용하지 않은 신용카드를 해지하기 위해 카드사 콜센터에 전화를 걸었다. 콜센터 상담원은 귀찮을 정도로 김 과장에게 카드사용을 권했고 그는 급기야 이유를 따져 물었다. 상담원은 김 과장의 계열사 카드 사용실적이 좋기 때문에 특별히 본사 차원에서 카드사용을 권하는 것이라고 했다. 김 과장은 전화를 끊고 곰곰이 생각해 보았다. 매월 카드사용금액이 큰데도 카드를 없애려고 할 때에만 VIP 대접을 받았지 평소에는 그 어떤 혜택도 받지 못했던 것이다. 그리고 얼마 전 한 부하직원이 외식뿐 아니라 주유부터 커피까지 다양하게 카드할인혜택을 받고 있으며 인터넷 쇼핑몰에서 물건을 구매할 때 카드포인트로 결제했다는 이야기를 떠올렸다.

2007년 현재 우리나라 사람들이 보유하고 있는 카드는 9,500만 장에 달한다. 전년에 비해 900만 장이 더 늘어났다. 신용카드시장에 국내 최대규모의 신용카드사가 출범하면서 더욱 공격적인 마케팅 전략이 펼쳐졌기 때문이기도 하다. 카드사들의 무한 경쟁이 시작되면서 다양한 혜택을 겸비한 카드들이 쏟아지고 여기 저기서 카드 가입을 권유하는 달콤한 유혹이 넘치고 있다.

신용카드는 만 20세가 되면 부모 동의 없이도 발급된다. 직장인 이라면 누구나 지갑에 한두 장쯤은 가지고 있으며 인터넷 쇼핑, 핸드폰 요금, 공과금 결제도 신용카드로 해결할 정도로 현금보다 더 편리한 결제수단이기도 하다. 신용카드는 잘 사용하면 생활이 윤택해지지만 잘못 사용하면 신용불량자가 되는 지름길이다.

신용카드사가 제휴사 할인으로 지출하는 비용은 연간 약 1,200억 원이다. 카드사마다 이렇게 공격적으로 마케팅을 펼치고 있는데도 VIP 고객인 김 과장은 카드를 효율적으로 사용하지 못해 여태껏 혜택을 받은 적이 없다. 신용카드는 사용실적에 따라 포인트가 적립되는데 포인트 제도를 활용하지 못한 사람들의 미사용 포인트 규모가 2007년 6월 현재 1조 4,093억 원에 달한다고 한다.

신용카드 포인트는 적립 후 유효기간(5년)이 경과하면 자동소멸되는데 매년 소멸되는

[그림 3-2] 신용카드 포인트 현황

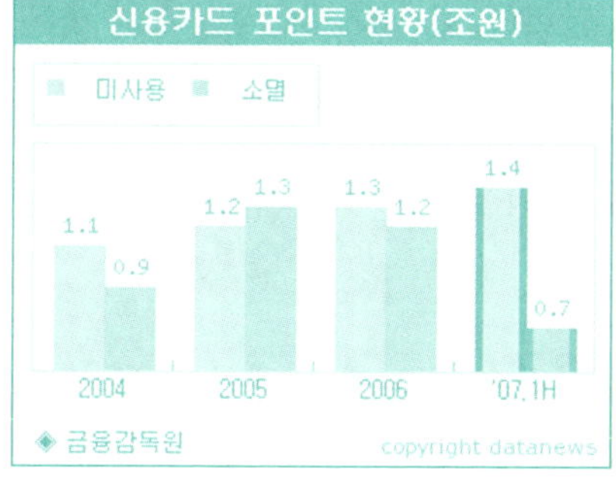

포인트는 약 1,200억 원에 달한다. 현금처럼 사용할 수 있는 포인트를 그대로 버리는 것은 개인뿐 아니라 경제적으로도 큰 손실이다. 포인트 사용방법을 모르거나 여러 장의 카드를 쓰다 보니 어느 카드에 얼마만큼의 포인트가 적립됐는지 확인하지 못해 사용하지 않는 경우도 많다고 한다.

금리를 1%라도 더 높게 받기 위해 발품 팔아 가면서도 정작 앉아서 돈 벌 수 있는 혜택을 눈앞에서 놓치고 있는 것이다.

더불어 카드를 사용할 때 기본적으로 유의해야 할 점이 있다. 첫째, 카드는 과소비를 유발할 수 있다. 예를 들어 백화점 카드를 만들면 정기적으로 무료상품교환권을 받을 수 있는데 대부분 일정금액 이상을 소비해야만 상품을 교환해 준다. 고객들이 무료상품을 타기 위해 불필요한 소비를 하게 만드는 것이다. 또한 일정금액 이상을 지출한 고객에게만 할인혜택을 제공하는 경우가 많아 이 역시 주의해야 한다. '모든 카드 고객에게 주는 다양한 혜택과 할인'이라고 광고하지만 카드사의 기대만큼 고객역할을 하지 않는 사람에게는 혜택을 주지 않는 것이나 마찬가지다.

둘째, 카드사용에 대한 잘못된 상식으로 인해 피해를 입을 수도 있다. 예를 들어 카드이용수수료는 현금서비스를 이용할 때에만 지출되는 것으로 알려져 있지만 실제로는 해외에서 카드를 사용할 때에도 제휴카드사에 수수료를 지불해야 한다.

물건을 구입할 때 카드사용자는 비자, 마스터, 아멕스와 같은 해외제휴사에 1%대의 수수료를 지불하고 국내카드사는 여기에 0.5~1%의 '환가료'라 불리는 수수료를 부과하게 된다. 이 외에도 할부수수료율, 현금서비스이자율, 연체이자율, 결제서비스 형태 등은 가계경제뿐 아니라 개인의 신용에도 직결되기 때문에 반드시 점검해 보아야 한다.

카드가 여러 장 있다고 해서 여러 가지 혜택을 모두 누릴 수 있는 것은 아니다. 오히려 자칫하면 불필요한 소비와 신용 문제를 발생시킬 수 있다. 따라서 불필요한 카드는 해지 후 폐기하고 꼭 필요한 카드만 활용하는 것이 현명하다.

최근에는 소비자들의 다양한 소비패턴과 라이프사이클을 반영하여 새로운 카드상품들이 출시되고 있다. 그중에는 개인의 필요에 따라 효율적인 카드도 있으므로 꼼꼼하게 살펴보자.

육아전문 카드

육아전문 카드는 영유아 및 초등학생을 대상으로 한 '키즈 산업'

이 성장하면서 개발된 카드이다. 아이들이 좋아할 만한 음식점부터 놀이동산, 추억을 남길 수 있는 사진관, 파티장소 이용료까지 다양하게 할인혜택을 누릴 수 있다. 기존 카드의 기본적인 혜택 이외에 어린이 관련 소비업종의 할인혜택을 추가적으로 제공하는 것이다. 쇼핑 할인뿐 아니라 문화센터 수강료까지도 할인받을 수 있다.

[표 3-2] 금융사별 육아전문 카드

카드명	주요 혜택	연회비(원)
신한 아이맘카드	육아교육 및 사진관 할인	7,000~12,000
우리 베이비&키즈카드	육아용품 할인, 현대홈쇼핑 2만원 할인쿠폰 제공	12,000
하나 둘이하나카드	짐보리, 위즈아일랜드 5% 할인	10,000
롯데 맘앤대디카드	짐보리 5% 할인, 선포인트로 자녀사랑지원금 제공	7,000~12,000

세이브 카드

세이브 카드는 현재 상품을 구매하고 앞으로 카드사용실적에 따라 적립받을 포인트를 미리 쓸 수 있는 카드이다. 따라서 물건을 구매할 때 상당한 금액을 할인받을 수 있다. 자동차 구매 시 포인트로 수십만 원을 할인해 주는 모 카드사의 신용카드가 국내 최초의 세이브 카드라 할 수 있는데, 이 카드는 출시 5년 만에 단일 카드상품으로는 최초로 회원이 500만 명이 넘어서는 대히트를 기록했다.

공전의 대성공을 거둔 카드가 나타나자 경쟁 카드사에서도 앞다

투어 세이브 카드를 발급하기 시작했다. 카드사별로 적립률과 최대 할인액이 다르기 때문에 꼼꼼하게 비교하고 점검하는 것이 좋다. 보통 목돈이 들어가는 차량, 가전제품, 가구 등 고가의 생활내구재를 할인받아 살 수 있는 것은 장점이지만 일정기간 내에 지정된 포인트를 쌓지 못하면 현금으로 되갚아야 한다는 단점이 있다. 따라서 세이브 카드가 자신의 주사용 카드가 아닐 경우 추가현금결제를 해야 하므로 단순히 할인혜택만 보고 결제를 하면 나중에 낭패를 볼 가능성이 있다.

[표 3-3] 금융사별 세이브 카드

회사	카드	혜택
현대	현대카드M	스포티지 · 소나타 30만 원까지 그랜저TG 30만 원 또는 50만 원 할인
신한	신한 탑스오토 뉴플래티늄카드	자종에 관계없이 50만 원까지 할인
삼성	티클래스 · 빅보너스 등	삼성 가전, 한샘 가구 등 120만 원까지 할인
KB	포인트리카드	하이마트, 전자랜드 등에서 최대 50만 원까지 할인
롯데	맘앤대디카드	롯데마트 10만 포인트 지급, 최대 50만 원까지 할인
외환	모두투어카드	모두투어 여행상품 최대 50만 원 할인
농협	비씨 매직TOP카드	차, 가전 중 한 품목 최고 50만 원 할인
기업	비씨 폰세이브카드	휴대폰 구입 비용 20~50만 원 할인

여성 카드는 소비시장에서 큰 비중을 차지하는 여성고객만을 위해 차별화된 서비스를 제공하고자 출시된 카드이다. 여성의 주요 관심사인 결혼 관련 서비스부터 쇼핑, 영화, 미용, 외식업체 등 주요 혜택은 여성고객의 라이프사이클에 초점이 맞추어져 있다.

[표 3-4] 금융사별 여성 카드

금융사	카드명	특징
LG	레이디카드 3종세트	영레이디카드(20대):음악다운로드 웨딩서비스 특화 레이디카드(30~40대):할인마트 무이자할부, 육아용품 할인 레이디 플래티늄:골프장 부킹, 호텔 무료 발레파킹 등
신한	마이센스카드	결혼정보업체 비에나래와 제휴, 입회비 각종 이벤트 할인 서비스
롯데	영플카드	영플라자 및 주변매장 할인혜택
현대	현대카드M 레이디카드	백화점 미용실 등 3,300여개 가맹점에서 2~3개월 무이자 할부, 영화관 놀이공원 할인
외환	줄리엣카드	쇼핑특화 예스포유쇼핑카드 업그레이드 패밀리레스토랑 및 스타벅스 커피할인
KB	이퀸즈 앙드레김카드	앙드레김 관련 숍 이용 시 가격할인
삼성	로즈 플래티늄카드	미용과 건강식 관련 혜택 특화
기업	더 파인 플래티늄	여성 최고경영자(CEO), CEO 배우자, 전문직 고소득 여성 겨냥 혜택 특화

일부 카드사들의 경우 연령대나 직업별 세분화를 통해 카드를 출시하기도 한다. 대학생, 노년층, 특정 마니아 등을 대상으로 한 카드들이 그 예인데, 대학생 대상 카드는 해외유학 및 어학연수 관련 서

비스를, 노년층 대상 카드는 병원의료 네트워크를 이용할 수 있도록 서비스를 제공한다. 이런 추세는 앞으로도 계속될 것이므로 소비자들은 자신의 취향에 맞는 신용카드를 선택해 원하는 서비스를 받을 수 있을 것이다. 물론 혜택만 보고 무턱대고 카드를 늘리는 것은 오히려 자신에게 마이너스가 된다는 점을 기억해야 한다.

카드 포인트 통합 사용 사이트

신용카드를 해지한다고 포인트까지 사라지는 것은 아니다. 포인트는 별도로 남아 적립시점부터 5년간 유지된다. 보통 한 사람이 여러 장의 카드를 사용하게 되는데 가족의 카드를 모두 모아 포인트를 하나로 통합할 수도 있다. 포인트파크(www.pointpark.com), 넷포인트(www.netpoints.co.kr), 포인트뱅킹(www.pointbanking.com) 등은 신용카드 포인트뿐 아니라 휴대폰, 은행, 증권사, 주유소 등의 포인트까지 통합해서 사용할 수 있는 사이트이다. 통합한 포인트로 쇼핑사이트에서 물건을 구매할 수도 있고 상품권 구매, 무료항공권 구매, 카드대금납부, 휴대폰사용료납부 등 다양한 활용이 가능하다. 단 해당 사이트를 이용할 때 수수료를 지불해야 하므로 정확히 살펴보고 포인트를 사용하는 것이 좋다.

구분	카드	발급카드수	유실적률	히트이유
우리 은행	스카이패스카드	6만6,000좌	71%	1,500원당 1마일 제공
	우리V카드	104만좌	66.60%	대대적인 마케팅 공세
	우리e카드	23만좌	62.50%	쇼핑, 게임, 외식 할인 혜텍
하나 은행	하나G플러스카드	9400좌	87.69%	G마켓 배송료 지원
	하나T포인트카드	1만3,200좌	66.50%	최대 8% T포인트 적립
	하나커피카드	10만1,000좌	62.98%	커피전문점 15% 할인
기업 은행	네비세이브카드	11만5,000좌	96%	내비게이션 구입 시 최대 50만 원 선할인
	폰세이브카드	6만8,000좌	93%	SKT핸드폰 구입 시 최대 50만 원 선할인
	K-ONE카드	10만5,000좌	86%	주유, 영화, 놀이공원 할인
농협	프리미엄TOP카드	51만좌	85.70%	제휴업체 고객정보활용동의 불필요
	비씨SK카드	12만3,000좌	80.20%	SK주유소 포인트 적립 및 할인 동시 혜택
	조이카드	20만5,000좌	59.30%	농협판매장 2% 할인

신용카드를 한 장 발급하는데 드는 비용은 3만 5,000원~6만 5,000원이다. 여기에는 신용카드 모집인의 유치수당, 로열티, 사용료, 칩 가격 등이 포함된 것이다. 1년간 신규카드 발급을 위해 카드사가 쓰는 돈은 약 3,600억 원이다. 태어날 때부터 상당한 경제적 비용을 가지고 있는 카드를 어떻게 잘 사용하느냐는 개인의 재량이다.

자신의 신용한도는 카드사가 정하는 것이 아니라 개인의 판단에 따라 결정된다. 카드를 사용함으로써 얻게 되는 혜택과 기회비용 등을 감안하여 합리적인 경제활동을 해야 할 것이다.

과학적인 부동산 투자전략을 세워라

우리나라 지방도시의 미분양 가구는 11만 가구에 이르고 올해 서울 강남권의 대규모 재건축 아파트 단지의 완공으로 입주물량은 2007년 대비 증가할 것으로 예상된다. 현재까지는 부동산시장이 관망세를 보이며 숨죽인 시장이 지속되고 있다.
서울 목동에 거주하는 주부 김 씨도 최근 상담을 통해 속내를 털어 놓았다. 현재 거주 중인 아파트를 처분하고 강남권으로 이사할 생각인데 부동산이 불안하다는 주변 이야기를 듣고 나니 괜히 움직였다가 손해만 볼 것 같은 두려움이 들었던 것이다. 자금도 마련해 두었고 지금 살고 있는 아파트 가격이 많이 오른 덕택에 원하는 곳으로 이사할 수 있는 여건은 되었는데 누구 말을 들어야 할지 몰랐다. 더군다나 지금처럼 아파트 수익이 최고점일 때 정리를 하는 것이 현명한 것인지에 대해서도 의문이 들었다.

2007년 말 대선을 앞두고 부동산에 대한 관심이 다시 높아졌다. 새로운 정부가 규제완화 등의 조치를 할 수도 있다는 기대심리와 상대적으로 주식시장에 눌려 빛을 보지 못했으니 이제 슬슬 움직일 때가 되었다는 추측으로 부동산시장이 들썩이고 있다. 실제로 필자의 근래 상담내용 대부분이 부동산 처분에 관한 것이었다. 부동산을 처분할 때 세금은 어떻게 줄일 수 있는지 부동산을 처분한다면 어느 자산에 재투자를 해야 하는지에 대한 문의가 주를 이루었다. 부동산을 처분하고 다시 새로운 부동산에 투자를 하겠다는 사람은 거의 없었다.

1997년 이후 부동산의 수요는 일반 경기와 매우 밀접하게 움직였다. 경기가 호황일 것 같으면 부동산 가격도 상승세를 탔다. 그러나 최근에는 정부 정책의 영향으로 이러한 공식이 잘 들어맞지 않는다. 따라서 새로운 정부에서 제도개선이나 규제완화를 시행하여 기대감이 커지더라도 부동산시장이 쉽게 활기를 띠기는 힘들 것이다.

분양가 상한제, 초과이익환수, 소형임대주택 의무건설 등은 시행된 지 얼마 되지 않은 제도들이며, 이러한 제도를 수정하거나 규제완화를 위해 단순히 몇 개의 법률을 개정하는 것만으로는 문제가 해결되지 않는다. 여론수렴, 부동산 정책의 큰 틀 수정, 정부차원의 명분 등 사회적, 경제적, 정치적 부분들이 연관되어 있으므로 부동산 정책은 매우 복잡한 사안이다.

부동산시장의 미래가 밝지 못한 또 다른 원인으로는 부동산 가격 측면에서 변수로 나올 가능성이 있는 변동금리대출비율을 들 수 있다. 최근 수신예금의 이탈에 따른 자금확보를 위해 은행들이 CD(양도성 예금증서)를 발행하면서 CD금리가 상승하고 있다. CD91일물 유통수익률은 2001년 7월 이후 6년 4개월여 만에 최고치를 경신했는데 이러한 금리 상승시기에는 변동금리로 대출을 받은 가계나 기업의 이자부담이 급격히 커지게 된다.

현재 시중은행 대출상품의 98%는 변동금리이고, 2%만이 고정금리를 적용하고 있는데 이는 부동산 가격에 부정적인 영향을 끼칠 수 있다.

다른 나라의 사례를 살펴보면 부동산 대출 중 변동금리 대출비중이 높을수록 부동산 가격의 등락폭이 커지는 것을 알 수 있다. 부동산가격 상승시기에는 이러한 현상이 유리하게 작용하지만 하락기에는 부메랑이 되어 돌아올 가능성이 높다.

영국 시중은행의 변동금리 대출비중이 90%에 육박하자 런던대학교(Imperial College of London)의 데이비드 마일즈(David K. Miles) 교수는 '차입자의 주택담보 대출 차입금액이 연간소득의 3배를 넘으면 고객과 금융기관 모두 고정금리 대출이 유리하다'는 보고서 〈The UK Mortgage Market: Taking a Longer-term view〉를 내놓았다. 대출자는 금리가 오를 때 추가 이자부담을 피할 수 있고 은행은 부실가능성을 줄일 수 있다는 것이다.

[표 3-6] 주요은행별 주택담보대출금리 추이

구분		04. 11. 19	05. 11. 19	06. 11. 19	07. 11. 12	07. 11. 19
국민	최저	5.03	5.06	5.40	6.01	6.04
	최고	5.93	5.96	6.60	7.61	7.64
우리	최저	5.15	5.57	5.30	6.25	6.28
	최고	6.15	6.42	6.60	7.75	7.78
신한	최저	4.36	4.97	5.60	6.35	6.38
	최고	5.46	6.07	6.70	7.75	7.78
하나	최저	5.17	5.56	5.62	6.65	6.69
	최고	6.27	6.66	6.72	7.35	7.39
외환	최저	5.31	5.42	5.70	6.84	6.87
	최고	6.31	6.42	6.70	7.99	8.02
SC 제일	최저	4.93	5.46	5.39	6.15	6.16
	최고	5.73	6.26	6.89	7.65	7.66

또 하나 악재는 전 세계적인 부동산 경기 침체인데 이러한 하락세에 방아쇠 역할을 한 것이 미국의 서브프라임 사태이다. 서브프라임 사태는 자국의 주택담보대출제도에 대해 점검해 보는 자숙의 시간을 준 셈이 되어 은행은 대출심사를 강화하고 집값 대비 대출금 비율(LTV)를 낮추면서 주택시장으로 유입되는 자금은 더욱 통제되었다.

서브프라임 사태 여파는 당분간 계속될 것으로 보인다. 1970년 이후 OECD 17개국의 주택가격은 40번의 급등과 급락을 반복했다. 주택가격은 1980~1990년대에 정점에 이르렀다가 하락세를 보인 후 2000년 들어 재상승했으나 미국을 신호탄으로 유럽과 러시아 등의 지역에서 다시 하락신호를 보이고 있는 상황이다. 주택시장에 대한 침체론이 확산되면 글로벌 경제에도 매우 좋지 않은 영향을 미칠 수 있다. 특히 주택가격은 GDP와 직결될 만큼(IMF보고서에 따르면 주택가격 1%가 오르면 GDP가 0.15% 오른다고 한다) 국민들의 소비와 국가 내수에 밀접하게 연관되어 있다. 하락신호가 확산되면 전 세계 부동산시장은 조정을 받을 가능성이 매우 높다.

반대 입장에서 한번 생각해 보자. 우리나라의 부동산 가격이 상승한 이유는 무엇인가? 수요, 인구구성, 우리나라 고유의 변수 등을 고려해 볼 수 있다. 우선 수요와 인구구성 측면을 살펴보자. 중대형 아파트 건설허가 건수는 2003년까지 증가하다가 2004년부터 줄어들고 있다(?). 또한 그동안 부동산시장을 주도해 온 베이비붐 세대들이 중장년층 세대로 진입하면서 주택보다는 아파트를, 소형보다는 중대형 평수를 더 선호하고 있다. 실제로 1980~1990년대 부동산가격 상승시기와 2000년 이후 부동산가격 상승시기를 비교해 보면 극명하게 드러난다.

과거에는 단독주택, 다가구주택, 아파트, 연립, 서울, 수도권, 지방 등 변수를 가리지 않고 부동산가격이 상승했지만 최근에는 서울 및 수도권 지역, 중대형 평수의 아파트 부분만 가격이 큰 폭으로 상승하고 있다. 베이비붐 세대들이 앞으로 7~10년 정도 경제활동을 지속하는 한 이러한 수요는 지속될 것이다.

우리는 일반적으로 금리가 부동산가격에 미치는 영향이 클 것이라고 생각한다. 그러나 실질적으로 큰 영향을 미치는 요인은 인구구성원의 소득, 자산효과(wealth effect), 인구구조의 변화 등이다. 이런 측면에서 보았을 때 현재 우리나라의 인구구조는 베이비붐 세대들이 큰 비중을 차지하고 있으며 소비의 중심역할을 하고 있으므로 부동산시장의 차별적 상승은 계속될 것이다.

다음으로 우리나라만의 고유 변수를 살펴보자. 우리나라 부동산시장은 '부동산 불패 신화' 라는 말로 대표된다. 부동산을 구입해서 실패를 본 사례가 거의 없다는 뜻이다. 이러한 확고한 신념은 국민들로 하여금 부동산시장의 지속적인 수요를 창출하는 역할을 했으며 주거수요뿐 아니라 투자수요의 폭발적인 증가로 이어졌다. 예금, 펀드, 주식, 채권 등을 통해서 마련한 목돈으로 재투자하는 자산 중 대표적인 것이 부동산이라 할 만큼 부동산에 대한 사랑은 여전히 뜨겁다. 모든 길은 로마로 통하고 한국의 모든 자금은 부동산시장으로 통했던 셈이다.

또한 부동산은 부동성을 지닌 자산이다. 부동산이 위치한 입지는 가격에 큰 영향을 미치고 여기에 시간개념이 들어간다. 우리나라는 인구에 비해 국토가 좁다. 희소성이 높아질수록 가격은 상승한다. 행정자치부에 따르면 2006년 말 현재 우리나라 인구의 1%에 해당하는 50만 명이 개인소유 토지의 57%를 차지하고 있는 것으로 나타났다. 인구의 99%는 부동산을 보유하기 위해 높은 가격을 지불할 수밖에 없는 구조다. 특히 1인당 소유면적 등에서 50대~70대층이 다른 연령층보다 압도적으로 높다. 우리나라에서 부동산은 저위험 중수익 자산이라는 인식이 강하고 지형이나 부의 분배적 측면에서 유효수요가 항상 존재한다. '내 집 마련'이 인생의 큰 목표 중 하나인 현재 풍토에서 수요의 급격한 감소가 일어날 가능성은 희박하지만 공급과잉에 대한 가격하락 우려 또한 쉽게 사라지지는 않을 것이다.

결론적으로 부동산은 당분간 급등보다는 차별적인 가격상승구도를 유지할 것이다. 강남의 예를 들어보자. 강남은 이제 하나의 지역이 아니라 대한민국의 대표적인 하이클래스 지역이 되어 교육, 문화, 소비, 커뮤니티 등 다양한 분야에서 차별화되고 있다. 서울 지하철의 중심이라 할 수 있는 2호선이 강남의 전 지역을 관통하고 있으며 낮에는 직장인의 일터이고 밤에는 소비의 거리가 된다. 8학군의 명성은 여전히 위세를 떨치고 있으며 강남에 없는 음식점과 제품은 대한민국 어디에도 없다 할 정도로 그 영향력이 큰 것 또한 사실이다.

기업임원의 전형은 '서울대 출신, 강남거주 50대', 서울대 입학생 14.5%는 강남거주, 서울대 학생 중 32%가 강남 8학군 출신, 구직자 10명 중 5명꼴로 '서울 강남권을 근무지로 선호'와 같은 조사 결과는 강남에 대한 명성과 선호도를 나타내는 대표적인 사례라 할 수 있다.

실수요자 입장에서 부동산을 구입하고 투자수요 입장에서 선별적으로 투자하는 행태는 향후에도 어느 정도 유효할 것이다. 강북 재건축 아파트, 뉴타운, 송도국제신도시, 제2경부고속도로 축(강남-수지), 서부 축(영종-파주), 용산 등에 대한 투자자들의 관심도 계속될 것이다. 강남 사례와 같이 지역이 새로운 문화, 경제, 커뮤니티의 코드로 등장할 가능성도 배제할 수 없다.

그 동안 온 국민의 사랑을 듬뿍받은 만큼 부동산의 열기는 쉽게 식지 않을 것이다. 투자로서의 매력도가 예전에 비해 많이 떨어진 것은 사실이지만 대부분의 자산들이 그러하듯이 과대평가되어서 가격을 정당화하지 못한다면(수익률이 뒷받침되지 않는다면) 자산가격의 하락은 충분히 일어날 수 있다. 이제는 부동산 역시 '묻지마' 투자보다는 합리적이고 이성적인 판단으로 접근해야 한다. 금융자산이든 부동산자산이든 개인의 노력과 시간 투자 없이 횡재수는 다시 보기 힘들 것이다.

똑똑한 자산관리를 위한 절세 노하우

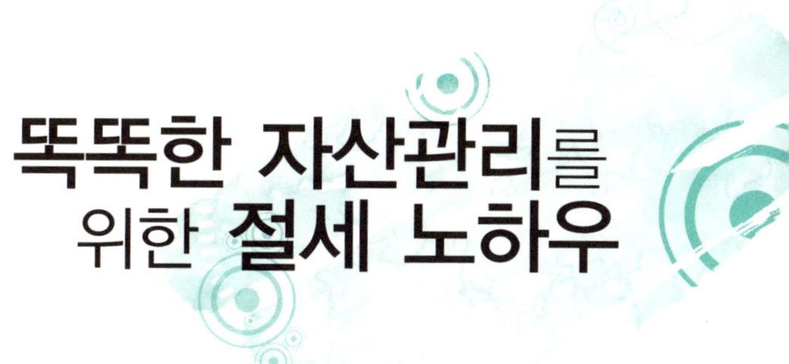

주부 양 씨는 문화센터 수업이 끝난 후 강사에게 질문을 했다. 현재 초등학생 자녀 두 명이 있는데 아이들 앞으로 적금통장을 하나씩 만들어 나중에 대학등록금으로 쓸 계획이라고 한다. 그런데 그렇게 할 경우 세금문제가 발생하지 않을지 궁금했다. 양 씨는 순수하게 자녀교육목적으로 저축을 하려는 것인데 혹시나 세금문제가 발생한다면 자신 명의로 계좌를 개설해야 될 것 같았다.

주부 양씨의 사례는 자주 접하는 세무 상담 내용 중 하나다. 필자 주변에도 자녀를 위해서 적금계좌나 적립식펀드 계좌를 만들어 주고 싶어 하는 부모들이 많다. 적금계좌는 금액이 한정되어 있어 미래예상금액을 추정할 수 있지만 부동산이나 펀드의 경우에는 자산가치가 수시로 변동되기 때문에 나중에 세금 상의 문제에 노출될 수 있다.

미성년자인 자녀 명의로 펀드계좌를 개설하여 1,500만 원을 예치했다고 가정해 보자. 미성년자의 증여세 공제한도는 1,500만 원이므로 현재는 아무런 문제가 없다. 그런데 이 펀드가 승승장구했고 자녀가 성인이 되어 주택을 구입하는 데 보태려고 평가금액을 살펴보니 6,000만 원이 되어 있었다. 이 경우 초기증여금액은 증여세 공제한도인 1,500만 원이었지만 금액이 증가하는 과정에서 증여세 신고가 누락됐다. 따라서 재산취득자금의 출처가 펀드 관련 계좌라고 나왔을 경우 6,000만 원 전부에 대해서 증여세를 납부해야 한다.

사실 이러한 사례가 흔치는 않다. 성인이 된 자녀가 경제활동을 활발히 하고 있을 때(별도의 소득이 있을 때) 펀드를 환매했다면 국세청에서 6,000만 원을 부모로부터 받은 것인지 자력으로 형성한 것인지 실무적으로 파악하기가 쉽지 않기 때문이다. 하지만 만약에라도 위와 같은 사례가 발생한다면 단순한 신고누락으로 인해 내지 않아도 될 세금을 내고 속앓이를 할 수밖에 없다.

자녀에게 사전증여를 하기 위해서는 몇 가지 사항에 유념해야 한다. 가장 먼저 고려할 부분은 증여할 자산의 종류이다. 증여의 목적은 자녀에게 부모세대의 부를 가능한 적은 세금을 내며 물려주는 데 있다. 증여대상은 자산가치상승이 가장 기대되는 것일수록 유리하다. 증여세 신고를 하고 증여할 경우에는 증여신고금액이 얼마나 증가하든 더 이상 증여세로 고민할 필요가 없다. 따라서 되도록이면 적은 금액을 물려주어 세금을 줄이면서 향후 자산가치상승으로 인해 자녀가 상대적으로 큰 부를 가져가도록 하는 것이 좋다. 이런 측면에서 펀드, 부동산 등은 증여에 적합한 자산이라 할 수 있다. 특히 펀드는 증여받은 재산으로 자금운용할 때 절세혜택이 뛰어나므로 펀드의 투자국가나 지역의 중장기적인 성장성이 높을 경우에는 적극 고려해 볼 필요가 있다.

[표 3-7] 상속세와 증여세의 세율

과세 표준	세율	누진 공제
1억 원 이하	10%	
5억 원 이하	20%	1,000만 원
10억 원 이하	30%	6,000만 원
30억 원 이하	40%	1억6,000만 원
30억 원 초과	50%	4억6,000만 원

두 번째는 증여세 신고의 문제이다. 자녀에게 재산을 물려 줄 때 증여세를 조금이라도 덜 내고 싶은 마음은 인지상정이다. 따라서 증여세를 절세하기 위한 방법을 찾아야 한다. 우선은 증여로 인정되지 않는 부분을 살펴보자.

증여세법을 살펴보면 사회통념상 인정되는 생활비, 치료비, 교육비, 축의금 등에 대해서는 증여세를 비과세한다고 나와 있다. 부모가 자녀의 교육을 시켜주는 것도 증여의 범주에는 속할 수는 있지만 증여세법에서는 이를 증여로 간주하지 않는다고 명시한 셈이다. 즉 자녀에게 재산을 물려주고 자녀 명의의 통장으로 적금을 넣든 펀드투자를 하든 사용목적이 교육비나 가계생활비라면 증여세 과세대상에서 제외된다는 말이다. 여기서 중요한 것은 바로 자녀에게 물려준 재산의 사용목적이다. 앞서 말한 대로 사회통념상 인정되는 부분이라면 증여세 신고를 할 필요가 없지만 자녀의 부를 증대시키기 위한 것이라면 증여세 신고를 해야 한다.

많은 사람들이 증여를 하는 순간 국세청에서 파악할 것이라고 생각하지만 실제로는 증여를 받아 통장에 돈을 넣을 때에는 증여세가 부과되지 않는 경우가 많다. 국세청에서 모든 개인들의 자금을 일일이 추적하고 있지는 않기 때문이다. 하지만 증여받은 자금으로 자녀가 자신 명의의 재산을 취득하고 부채를 상환하는 등 경제활동을 할 경우에는 자금출처조사가 시행된다. 물론 부모님이 세상을 떠나서 재산상속을 하게 되어 상속세 조사가 나오는 경우 금융재산 조회과정에서 증여사실이 드러나면 과세대상이 될 것이다.

자금출처조사가 시행될 때 소명액의 80%를 소명하면 상관없지만 그렇지 못할 경우에는 증여세가 부과된다. 자녀가 해당 시기에 경제활동을 하고 있다면 소명하기가 쉬워 증여세 문제에서 벗어날 수 있지만 그렇지 않은 경우에는 주의해야 한다. 증여세 공제금액은 10년간 미성년자는 1,500만 원, 성인은 3,000만 원이다. 증여세는 증여받은 날로부터 3개월 이내에 증여받은 자녀의 주소지관할 세무서에 신고해야 한다.

[표 3-8] 자금출처조사 배제 기준

구분		취득재산	
		주택	주택 이외의 재산
세대주	30세 이상	2억 원 미만	5,000만원 미만
	40세 이상	4억 원 미만	1억 원 미만
비세대주	30세 이상	1억 원 미만	5,000만원 미만
	40세 이상	2억 원 미만	1억 원 미만
30세 미만		5,000만원 미만	3,000만원 미만

이 밖에도 보험을 활용하여 증여세를 줄이는 방법도 있다. 위험보장보험이 아닌 이자수익이 주목적인 저축성보험과 연금보험은 10년 이상 가입 시 이익에 대해 비과세된다. 따라서 사전에 증여한 금액으로(증여세 신고를 했다고 가정) 예금이나 펀드 등에 투자하여 예금이자나 펀드수익을 환매하여 보험료로 지불하면 과세하기가 쉽지 않다.

또한 자녀가 경제활동을 하면서 부모로부터 생활비를 지원받는 경우에도 증여세 대상에서 제외된다. 자녀의 소득으로 저축성보험이나 연금보험을 가입할 경우 부모로부터 받는 생활비로 증여세 과세를 면하게 되고 또한 저축성보험과 연금보험의 장기가입을 통해 보험차익을 비과세 받을 수 있어 두 마리 토끼를 모두 잡을 수 있다.

절세전략은 부자들에게만 해당되는 이야기가 아니다. 우리가 모르고 지나쳐서 세금 문제가 생겼을 수 있으며 조금만 더 신경을 쓰면 효과적으로 절세할 수 있다. 우리가 먹고 마시고 입고 자는 모든 생활은 직접적이든 간접적이든 세금과 연관되어 있다.

성공적인 투자로 높은 수익률을 올리는 것도 중요하다. 하지만 수익률은 이익(return)의 개념이고 세금은 비용(cost)의 개념이다. 이익을 추구하는 것도 부를 증대시키는 것이지만 들어온 부를 관리하는 것은 더 큰 부를 위한 초석이다. 지금이라도 투자와 절세를 접목시키는 전략을 세워라. 절세는 관심과 노력의 문제이지 결코 능력의 문제는 아니라는 점을 명심하자.

신용관리는 부자의 첫걸음

현재 우리나라에서 개인신용정보를 조회하는 곳은 은행, 카드, 대출 관련 금융회사를 포함하여 5,000곳이 넘는다. 은행부터 이동통신사까지 신용조회를 하는 '신용 사회'에 살고 있는 것이다. 신용평점과 등급은 고정적이지 않고 개인의 금융거래 패턴이나 직업군, 소비성향, 연령 등에 따라 변한다.

신용등급은 상거래를 하는 데에만 활용되는 것이 아니다. 최근에는 개인의 경제력을 측정하는 항목으로도 쓰이고 있다. 모 결혼정보 업체에서는 재혼을 목적으로 하는 사람에게 신용평가서 제출을 요구한다고 하며, 주택마련을 위한 대출은 물론이고 차를 할부로 구입하려고 해도 신용등급이 없으면 보증인을 세워야 한다. 이젠 취업면

접부터 결혼, 주택구입, 차량구입 등 인생의 전반적인 부분에 신용
이 중시되는 사회가 된 것이다.

위의 두 사례는 누구나 한 번쯤 겪었을 만한 일이다. 우선 첫 번
째 사례에서 번듯한 직장에 다니며 수년간 금융기관과 신용거래를
해온 직장인 김 씨의 신용등급이 생각보다 낮았던 이유는 무엇일까?
그 이유는 빈번하게 소액연체를 한 데다가 소액연체의 범위가 어디
까지인지 몰랐기 때문이다. 금액이 큰 대출금이나 할부금을 연체할
때만 문제가 발생하는 것이 아니다. 아파트관리비, 공과금, 통신비,
세금 등의 연체도 신용등급에 영향을 줄 수 있다.

특히 50만원 이상의 금액을 3개월 이상 연체할 경우 신용등급은
급락하게 되는데 보통 3~4등급이 한번에 떨어지는 결과를 가져오기

도 한다. 신용등급은 단기간에 떨어지고 다시 회복되기까지는 상당한 기간이 소요된다는 신용평가 상의 특징을 감안한다면 별 것 아니라고 생각했던 소액연체의 영향력이 얼마나 큰지 알 수 있다.

또한 김 씨의 연봉이 높긴 하지만 연봉을 받는다는 것만으로는 신용거래에 기록이 남지 않는다. 연봉이 10억이라해도 연봉 모두를 현금으로 써버린다면 신용거래기록이 남지 않기 때문에 신용등급 향상에 전혀 영향을 끼치지 않는다는 것이다. 따라서 자신의 소득수준만큼의 적절한 신용거래가 필요하다.

20~30대 직장인들이 신용카드를 사용하면서 흔히 범하는 잘못된 행동 중 하나가 '할부'를 애용하는 것이다. 몇 개월 동안 나누어서 결제하면 적은 부담으로 원하는 물건을 구매할 수 있기 때문에 합리적인 소비행동이라 생각하기도 한다.

할부는 가장 보편화된 금융기법이며 잘 사용하면 할부금융의 혜택을 톡톡히 누릴 수 있다. 그러나 소위 말하는 '지름신'이 내린 사람일 경우에는 사정이 달라진다. 의외로 많은 직장인들이 누적된 할부로 인해 급여소득 중 꽤 많은 부분을 손에 한번 쥐어 보지도 못하고 고스란히 할부금으로 지출하고 있다. 웬만한 인터넷쇼핑몰은 5만 원 이상 구매할 경우 무이자 할부혜택을 제공하고 있으며 TV 홈쇼핑에서는 아예 12개월 무이자 할부혜택으로 소비자를 유혹한다.

이런 유혹을 이기지 못하면 직장 초년기부터 할부의 구덩이에서 빠져나오지 못하고 할부인생으로 전락할 수 있다. 홈쇼핑 구매의 70~80%가 할부구매이며 그중 10개월 이상의 장기할부구입이 60% 정도를 차지한다는 홈쇼핑 관계자의 이야기를 통해 우리나라 소비자들이 얼마나 할부를 선호하는지 알 수 있다.

당장 눈앞의 작은 부담만 생각하고 여러 개의 물건을 할부로 구매하다 보면 소득 이상의 소비를 하게 되며 미래의 소득을 앞당겨 쓴다는 점에서 저축률 또한 현저하게 떨어질 수 있다. 작은 할부금 때문에 잠재적 신용불량자가 되는 일이 생겨서는 안된다.

두 번째 사례는 신용평가정보시스템 상의 문제로 지적되는 부분이기도 하다. 인터넷에서 '신용조회'라는 단어로 검색하면 유명 신용평가회사부터 중소규모 신용조회사이트까지 수많은 사이트 목록이 뜬다. 대부분의 사이트는 유료회원제로 운영되고 있다. 자신의 신용정보를 알아보기 위해 돈을 지불해야 한다는 것에 불편한 기분이 들기는 하지만 현대사회에서 '신용'이 차지하는 비중을 생각하면 울며 겨자먹기로 회원가입을 하게 된다.

문제는 이렇게 유료로 조회하는 신용정보회사의 신용평가점수와 금융기관의 신용평가점수가 다르다는 사실이다. 주부 이 씨의 경우에도 신용평가기관의 기준으로 보았을 때에는 예·적금 등의 규모가 신용평가점수에 영향을 미치지 않는다. 그러나 실제로 해당은행에서 대출을 받을 때에는 영향을 미친다. 결과적으로 주부 이 씨는 은행에서는 높은 신용평가점수를 받을 수 있지만 신용평가정보회사에서는 평균 정도의 점수만 받게 된다는 것이다.

이는 은행과 신용평가정보시스템의 평가모형이 다르기 때문에 생기는 일이다. 실제로 금융기관의 신용평가모형은 금융기관별로 항목, 가중치 등에서 상당한 차이가 있다. 동일한 사람이라 할지라도 금융기관별로 부여되는 신용점수가 다르기 때문에 대출을 신청할 때에도 금융기관별로 금리나 한도금액에 차이가 있다. 따라서 돈을 내고 자신의 신용등급을 알았다 하더라도 실제로 금융기관에서 평가하는 신용등급이 다르기 때문에 별 도움이 되지 않는다.

일반적으로 통용되는 신용평가내용은 직업, 연령, 소득, 직장규모, 거주지, 저축실적, 금융기관 거래실적, 카드사용실적 및 연체상황, 담보가치 등이다. 연령별로는 20대의 신용위험 노출도가 가장 높다. 이는 신용 관련 교육을 제대로 받지 못한데다가 소득대비 소비가 많거나 부모로부터 독립하지 않은 상태에서 신용의 중요성을 절감하고 있지 못하고 있기 때문이다. 사소한 통신비나 카드값 등을 연체하면 취업에 영향을 줄 수도 있으므로 20대일수록 더욱 신용관리에 신경 써야 한다.

현대사회는 신용사회이며 우리나라는 신용사회의 초기 단계에 있다. 미국처럼 개인수표(Personal Check)를 사용해서 공과금, 통신비, 보험료, 쇼핑 등을 해결하는 시대가 곧 올 것이다. 미래의 신용사회에 대비하기 위해서는 신용관리에도 관심을 가져야 한다. 신용점수를 높이는 것도 중요하지만 떨어뜨리지 않는 것은 더욱 중요하다. 특히 신용제도의 특성상 하락은 단기간에 사소한 사유로 이뤄지지만 상승은 더 오랜 시간과 꾸준한 노력을 요구한다는 사실을 분명히 인지하기 바란다.

세금은 무조건 내는 게 당연했다

고등학생 딸에게 일정금액의 현금을 사전증여하려고 마음먹은 40대 가장 이 씨는 증여세에 대해 알아보고 실망감을 감출 수 없었다. 증여세 공제액이 직계존비속의 경우 10년간 3,000만 원이며, 특히 고등학생인 딸의 경우는 미성년자인지라 10년간 1,500만 원으로 한정되어 있었기 때문이다. 이 사실을 조금 더 빨리 알아서 1,500만 원을 추가증여할 수 있었다 하더라도 20년간 공제되는 금액은 3,000만 원뿐이기 때문에 현실과 매우 괴리가 있다는 생각에 답답해졌다.

이 씨의 고민은 어느 정도의 여유자금을 마련해 놓은 부모라면 한 번쯤 해본 고민일 것이다. 과거에는 상속이나 증여는 신문 1면에 등장하는 대기업 재벌가들의 문제로만 생각했지만 이제는 보편적인 이슈가 되었다. 부동산 및 주식시장 등의 가격상승으로 자산의 규모를 키운 중산층 이상의 집단이 커졌기 때문이다.

일단 이 씨가 10년간 증여공제액인 1,500만 원을 딸에게 증여했다고 가정해 보자. 그런데 딸이 10년이 채 되기 전에 성인이 된다면 1,500만 원만 증여할 수 있을까 아니면 1,500만 원의 추가증여가 가능한가? 자녀가 10년 이내에 성년이 되는 경우에는 1,500만 원의 증여만 가능하다. (상속세 및 증여세법 제53조)

그렇다면 어떻게 해야 더 추가적인 증여를 할 수 있을까? 우선 가족카드를 활용하는 방법이 있다. 증여세법에서는 사회통념상 인정되는 생활비, 치료비, 교육비, 축의금 등에 대해 증여세를 비과세한다고 명시되어 있다. 자녀교육은 부모의 의무사항이라 보고 증여 범주에 포함시키지 않은 것이다.

여기서 우리가 주목해야 할 부분은 '생활비' 항목이다. 생활비는 개인에 따라 다르기 때문에 적정한 기준을 정하기 힘들다. 한 달에 300만 원이 있어야 생활이 가능한 사람도 있고 100만 원으로도 풍요롭게 사는 사람도 있다. 생활비의 범위가 애매모호하기 때문에 세금을 부과하는 것 또한 쉽지 않다는 말이다.

따라서 가족카드를 자녀에게 주어서 생활비를 카드로 사용하게 하면서, 자녀가 벌어들인 소득은 저축하게 하는 방법을 택하면 증여세를 내지 않으면서도 자녀에게 간접증여를 할 수 있다. 카드 증여로 인해 자녀의 수입은 전액 저축할 수 있고 이 자금을 절세효과가 뛰어난 펀드 및 주식으로 일부 투자할 경우 간접증여의 효과는 더욱 커진다. 유의할 점은 가족 간의 금전거래가 모두 증여세 대상에서 벗어나지는 않다는 것이다. 다음 사례를 살펴보자.

작은 사업체를 운영하고 있는 김 사장은 취업을 못해 백수로 지내고 있는 아들을 위해서 장사 밑천을 마련해 주고 싶었다. 돈을 그냥 주자니 증여세를 내야 할 것 같아서 김 사장은 대출금리를 1%로 정한 차용증을 만들어 아들에게 현금을 주었다. 아들은 아버지에게서 받은 돈을 밑천으로 장사를 시작해서 시내 외곽에 작은 아파트까지 마련했다. 얼마 후 아들은 증여세를 내라는 우편물을 받게 된다. 아들에게 증여를 한 것도 아니고 엄연하게 대출을 해준 것인데 어떤 문제가 발생한 것일까?

현행법 상 특수관계자에게 1억 원 이상의 금전을 무상 또는 적정 이자율보다 낮은 이자율로 대여받은 경우에는 적정이자율(1년에 9%)과의 차액은 증여받은 것으로 보아 증여세를 과세하고 있다. 김 사장이 대출이자율을 1년에 1%로 정했으므로 그 차액은 증여받은 것으로 간주되어 증여세가 부과된 것이다.

주부 박 씨는 얼마 전 금융기관에 펀드상담을 받으러 갔다가 문득 초등학생 딸 명의로 펀드계좌를 하나 만들고 싶어졌다. 그런데 이것도 증여에 해당되는지 궁금했다. 세무서에 가서 현금증여신고를 해야 하는 것일까?

박 씨의 사례는 자금의 목적에 따라 사정이 달라진다. 우선 자금이 초등학생 딸의 대학등록금이 된다면 이는 증여세 과세대상에 포함되지 않는다. 부모가 지급하는 교육비의 범주에 속하기 때문이다. 하지만 자녀가 성인이 된 후 이를 바탕으로 등기가 필요한 자산(부동산 등)을 취득할 때 자금출처조사를 받게 되면 소명자료로 사용할 수가 없게 되어 펀드차익 뿐만 아니라 적립금 자체도 자녀의 소득으로 볼 수 없게 된다.

따라서 자금의 목적에 따라서 자녀의 종자돈 마련이 목적이라면 세무서에 신고하는 것이 바람직하다. 현실적으로 개인 간의 증여는 세무서에서 과세 근거를 찾기 어렵다. 더군다나 현금으로 증여될 경우에는 사실상 추적이 불가능하다. 그러나 앞에서 언급한 대로 자금의 목적이 세무서에 노출이 가능한 곳에 쓰인다면 자진신고해야 한다. 증여세 신고를 하지 않은 자녀 명의의 계좌는 일반적으로 자녀에게 귀속되는 것이 아니라 부모의 차명계좌로 보기 때문이다.

최근에는 자녀의 경제관념을 키워주거나 군대가는 아들이 2년간 사회에 없다는 점을 고려하여 중장기적인 관점에서 증권계좌나 펀드계좌 등을 개설하는 사례가 많다. 이 경우 자녀는 성인이 된 후 종자돈으로 유용하게 투자하여 효율적인 재테크 공부를 할 수도 있다.

이 외에 투자를 통한 절세방법으로 미술품 투자를 들 수 있다. 대개 미술품 투자는 거액 자산가들의 전유물로 여겨지지만, 필자는 PB센터에 근무하면서 최근 일반직장인이나 주부들의 미술품 투자에 대한 관심이 눈에 띄게 증가했음을 피부로 느끼고 있다.

2007년 4월 인사동의 한 화랑에서 열린 전시회에서는 전시작품 300여 점이 개관 이틀 만에 모두 팔리는 이변이 일어났다. 이름 있는 중견작가들의 작품을 100만 원대부터 구입할 수 있다는 소문이 퍼지자 재벌과는 거리가 있는 일반 사람들이 대거 몰려든 것이다. 또한 2006년 우리나라에서 열린 아트페어(한국국제아트페어, 화랑미술제, 한국현대미술제, 서울국제판화미술페스티벌, 마니프, 서울국제아트페어)의 관객이 사상최초로 10만 명을 넘어섰다고 한다.

'잘' 먹고 '잘' 살자는 웰빙 트렌드를 넘어 이제는 가정에서도 디지털 제품보다 아날로그적이며 인간미가 느껴지는 예술품이 또 하나의 트렌드로 등장한 것이다. 일반인들이 구입하는 작품들은 수십억을 호가하는 블루칩 종목은 아니지만 옐로칩 작품이 될 가능성이 충분히 있다.

예술품은 가격이 하락하더라도 작품이 주는 감동은 여전히 살아있으며 가격이 상승하면 투자로서의 즐거움까지 덤으로 얻을 수 있다. 그러나 세금차원의 즐거움까지 알고 있는 사람은 많지 않다. 우리나라에서는 현재 미술품을 매매할 때 양도소득세가 부과되지 않는다. 1990년대 세법에 서화 및 골동품에 대한 양도세 과세제도가 도입되긴 했지만 미술계의 반발로 13년 동안 유예상태에 있다가 2003년 개정 세법 때 과세근거가 삭제되었다. 따라서 재산세도 부과되지 않는다.

원칙적으로는 미술품을 상속하거나 증여할 때 '가치를 평가해서' 세금을 부과해야 하지만 미술품의 가치평가가 주관적이기 때문에 논란의 소지가 있다. 내 그림이 100억 짜리라 생각하더라도 구매자가 1억에 구입하면 매매가치는 1억이 되는 것이고, 전문가 A가 10억이라 감정한 그림을 전문가 B는 20억으로 평가할 수도 있다. 따라서 미술품은 실제 상속세 신고 과정에서 누락되는 경우가 많다.

상속 및 증여자산으로 현금보다 부동산을 선호하는 이유도 같은 맥락이다. 현금자산은 그 자체에 과세하는 한편 부동산은 일반적인 거래가가 아니라 상속세 및 증여세법 상 보충적 평가방법인 기준시가로 과세한다. 즉 토지는 개별공시지가, 건물은 기준시가로 평가되는데 이때 적게는 시가의 30%부터 고시되기 때문에 절세효과가 크다.

이와 같이 세금에 대해 약간의 상식만 가지고 있어도 다양한 절세 전략으로 큰 효과를 볼 수 있다. 일반적으로 세금을 어렵다고만 생각해서 감히 공부할 엄두를 못내는 경우가 많은데 세테크는 부자들의 필수 재테크 수단이라 할 정도로 세금은 매우 중요한 요소이다. 국세청 홈페이지를 통해 정보를 수집하거나 무료상담이 가능한 국세종합상담센터(1588-0060)를 이용하는 것도 적은 노력으로 지혜롭게 재테크할 수 있는 효율적인 방법이다.

똑똑한 바보들의 신나는 재테크

재테크 트렌드 따라잡기

농산물 혁명

직장인 오 씨는 최근 증권사에 다니는 친구의 권유로 남해화학이라는 회사의 주식을 샀다. 무슨 기업인지도 모르고 사긴 했는데 7,000원에 산 주식이 한 달도 안되어 두 배가 넘게 올랐다. 기분이 좋긴 했지만 이유도 모른 채 주가가 급격하게 오르니 불안한 마음도 들었다. 친구에게 전화를 걸어 이유를 물어보니 여러 가지 주가상승 원인이 작용했다고 한다. 오 씨는 다른 내용들은 다 이해가 가는데, 남해화학이 비료 1위 업체라서 주가에 긍정적인 영향을 미쳤다는 부분은 잘 납득이 되질 않았다. 농촌에서는 아기 우는 소리를 들을 수 없을 정도로 농업은 사양산업이라고 생각했는데 왜 다시 농업 관련 산업이 주목을 받는 걸까?

최근 농산물 관련 사업을 진행하는 기업들의 주가 움직임이 심상치 않다. 국제시장에서 CRB곡물지수는 2006년 대비 80%가 넘는 상승률을 보였고, 몬산토(Monsanto), 신젠타(Syngenta), 아그륨(Agrium) 등 국제적인 농산물 관련 기업들의 주가 역시 크게 상승했다. 헝가리와 터키의 경우 1년 새 식품도매가가 13% 넘게 올

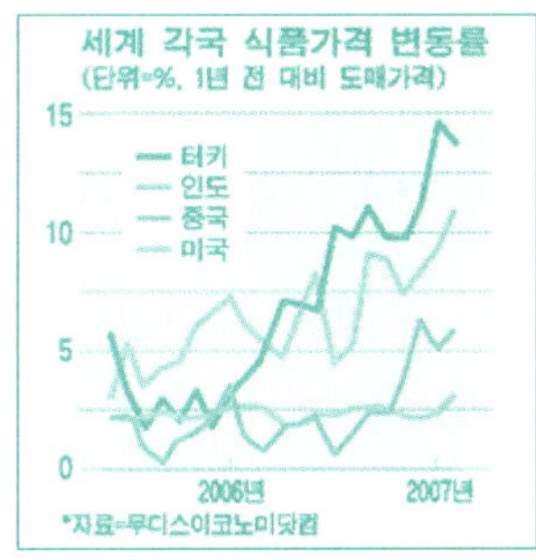

[표 4-1] 세계 각국 식품가격 변동률

랐고, 바이오 연료와 관련 있는 콩과 밀의 경우 가격 급등이 두드러지게 나타나고 있다. 미국에서 생산되는 옥수수 가운데 20%는 바이오에탄올을 만드는 데 쓰여지고 있다고 하니 옥수수에 대한 수요도 향후 지속적으로 늘어날 것이다.

도시화와 산업화로 인해 고부가가치 산업이 발달하면서 농산물 관련 산업은 기술력과 자본력이 부족한 저개발 국가의 산업이라는 인식이 강했다. 어느 누구도 성장성에 대해 긍정적인 의견을 내놓지 않았으며 글로벌 시장에서도 농업 관련 산업은 늘 저평가되었다.

[그림 4-1] 에이커당 농산물 평균수익 (미국)　　　　　　　　(단위 : 달러, 부쉘)

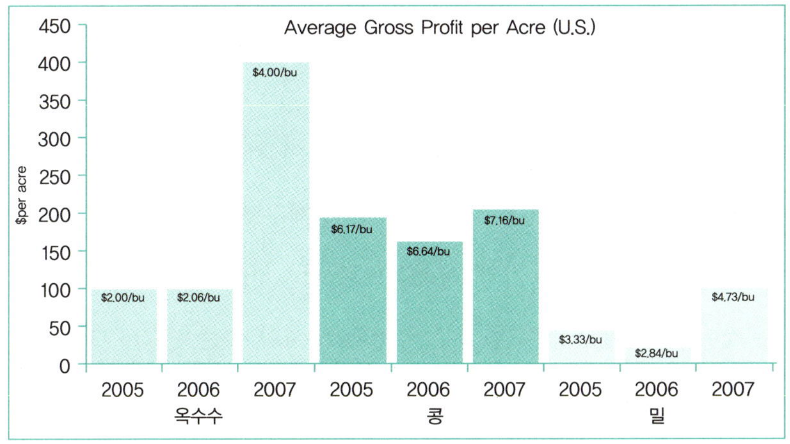

이런 가운데 최근 곡물가격 등의 상승을 새로운 트렌드로 보는 의견들이 등장하고 있다. 농산물 관련 산업을 새로운 시각으로 접근하기 시작한 것인데 여기에는 환경적인 요소가 크게 작용하고 있다.

첫 번째 요소는 세계인구의 지속적인 증가 추세이다. 선진국은 베이비붐 세대들이 퇴직을 맞으면서 고령화 사회와 출산율 저하를 걱정하고 있지만 유럽 일부 지역을 제외한 다른 나라들의 인구는 꾸준한 증가 추세에 있다. 특히 아프리카, 아시아 등 신흥시장국가들의 인구는 급격하게 증가할 가능성이 있기 때문에 농산물 관련 수요는 꾸준히 늘어날 것이다.

또한 인구증가 문제에는 경제문제도 포함된다. 일부 저개발국가의 경제가 발전하면서 하루에 한 끼만 먹던 식사량이 두 끼, 세 끼로 늘어난다면 농산물에 대한 수요 역시 커지게 될 것이다. 그 수요를 농산물 공급량이 따라갈 수 있을지에 대한 우려도 높다.

두 번째 요소는 도시화로 인한 경작지의 감소이다. 신흥시장 국가와 아시아 국가들의 빠른 도시화로 경제구조가 변화하면서 상대적으로 경작지와 사육지가 지속적으로 감소하는 추세를 보이고 있는 것이다. 현재까지 이들 일부 국가의 도시화 수준은 OECD국가의 평균 도시화율(75% 예상)에 비해 절반 수준에도 못 미칠 정도로 낮지만 그 속도는 매우 빠르다. 인도와 베트남의 현재 도시화율은 30%에도 미치지 못한다. 두 국가 모두 농업의 장점을 충분히 활용할 수 있지만 도시화 속도가 높아지고 있는 상황이다. 이렇게 빠른 도시화는 인프라 관련 산업에는 호재로 작용하지만 농산물 관련 시장에서는 공급부족 문제를 초래할 수도 있다.

[그림 4-2] 국가별 도시화의 증가

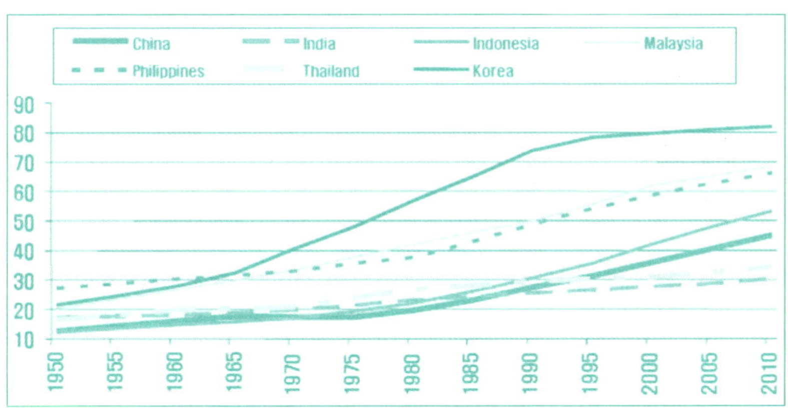

세 번째로 농산물이 속해 있는 상품시장 자체의 랠리가 원인이 될 수 있다. 상품시장은 2002년 이후 호황세에 있다가 최근 주춤하는 모습을 보였는데, 2007년 하반기에 유가가 90달러를 넘어서는 것을 신호로 금, 은, 구리, 아연, 납 등의 귀금속 및 비철금속, 농산물 등 다양한 상품가격들의 상승이 이어지고 있다. 상품시장의 특성상 공급측면에서는 수요보다 비탄력적으로 증가하는 상품공급량의 부족이 상품가격을 부채질하고 있다는 의견이 설득력을 얻고 있다.

쉽게 말해 상품은 약간의 초과수요와 약간의 초과공급에도 가격이 크게 급등하거나 급락하는 모습을 보이는데, 이는 대부분의 상품들이 원자재를 생산하고 농산물을 생산하는 데 상당한 비용과 시간이 소요되기 때문이다. 금년 대비 내년의 수요량이 20% 증가할 것으로 예상된다 하더라도 자원이 한정되어 있기 때문에 초과수요를 즉각적으로 반영하여 공급을 늘리기 어렵다는 뜻이다.

네 번째 요소는 바이오 연료의 등장이다. 지구온난화를 규제하고 방지하는 기후변화협약의 이행안인 교토 의정서에는 대체에너지 개발 및 사용을 유도하는 내용이 포함되어 있다. 이에 따라 북미와 유럽 지역 선진국들은 대체에너지 개발과 사용에 관한 계획을 수립해야 한다. 고유가 문제 역시 대체에너지 사용과 개발에 더욱 박차를 가하게 하는 주원인이 되고 있다.

1차 오일 쇼크 이후 선진국들은 경쟁적으로 절연장치와 대체에너지 개발에 나섰다. 원유에 대해 의존도가 높은 국가일수록 더욱 대체에너지 개발에 열을 올렸는데 그 결과 일본은 이미 오래전부터 대체에너지 분야에서 두각을 나타내고 있다. 최근의 유가상승이 과거만큼 국제경제에 타격을 주지 않는 배경에는 이러한 요인이 숨어 있다고 할 수 있다. 대체에너지 중 바이오 연료는 옥수수, 카사바 등의 작물을 주원료로 사용하는데, 곡물을 이용한 대체에너지 개발이 활성화되면서 원료 농산물에 대한 새로운 수요가 발생하게 됐다. 세계 최대의 농산물 생산국 중 하나인 미국의 전체 옥수수 생산량 중 20% 이상이 바이오 연료의 원료로 사용된다고 하니 고유가와 바이오 연료가 수요에 미치는 영향이 얼마나 큰지 짐작할 수 있을 것이다.

마지막 요소는 지구온난화 현상이다. 이 내용은 뒤에 자세히 다룰 것이다. 온난화 현상이 심해지고 이상기후가 빈번해질수록 농산물 작황은 나빠질 수밖에 없다. 과거에도 농산물 산업에서 대흉작 사이클이 반복된 적이 있는데 다시 흉작 사이클에 들어설 확률이 높다는 의견이 설득력을 얻고 있다. 문제는 기상이변으로 인한 농산물 피해는 가격을 올리는 정도가 아니라 파동으로까지 몰고 간다는 것이다. 따라서 농산물 시장에서 지구온난화는 지속적인 이슈가 될 것이다. 최근 중국의 소비자물가상승을 초래한 채소가격 폭등 역시 기상이변이 원인이었다.

농산물 혁명이라는 새로운 트렌드에 대비하기 위해서는 우선 농산물 관련 기업과 산업을 주의깊게 살펴야 한다. 농산물뿐 아니라,

비료, 농기구, 농업 관련 인프라 등 다양한 업종까지 확대해 눈여겨 봐야 한다. 앞의 사례에서 나온 남해화학은 국내시장 점유율 1위의 복합비료전문회사이다. 종묘시장 점유율 1위인 농우바이오나 화학비료생산업체인 중국의 해양석유화학(3983), 시노쳄 홍콩(0297)도 관련 산업 범주에 포함될 수 있다. 간접투자상품으로는 농업분야에 투자되는 펀드나 대체에너지, 지구온난화, 인프라 관련 펀드 등이 있다. 농업이 더 이상 사양 산업이라는 편견을 버려라. 앞으로 인류에게 매우 중요한 산업으로 부각될 가능성이 충분하다.

지구온난화 현상

미국의 전 부통령 앨 고어가 2007년 노벨평화상을 수상하자 그가 출연한 환경 다큐멘터리 〈불편한 진실(An Inconvenient Truth)〉 또한 사람들의 큰 관심을 받았다. 직장인 이 씨는 사내모임에서 직장동료들과 함께 다큐멘터리를 시청한 후 지구환경에 대한 심각성을 깨닫게 되었다. 소름 돋을 정도로 끔찍하고 무서운 내용을 보자 한동안 환경 관련 뉴스나 단체에 관심을 가지기도 했지만 시간이 흐르자 곧 까맣게 잊어 버리고 말았다. 어차피 지금 피부로 와 닿는 현상도 아니고 자신과는 직접적인 관련이 없다고 생각했기 때문이다. 이제는 그저 잘 만들어진 환경 다큐멘터리를 한 편 보았다고만 기억하고 있을 뿐이다.

지구의 환경오염으로 인한 온난화 현상 문제와 대책은 꽤 오랫동안 논의되고 있다. 2007년 11월 스페인 발렌시아에서는 유엔산하 기후변화에 관한 정부 간 위원회(IPCC)총회가 열렸다. 지구온난화의 심각성을 경고하는 총회였는데, 12월에는 인도네시아 발리에서 기후변화협약 당사국 총회를 통해 2013년 이후 온실가스 감축문제를 논의했다.

　이제는 환경에 관심 많은 개인이나 환경단체에서만 목소리를 높였던 요구사항들이 국제적인 움직임으로 본격화되고 있다. 발렌시아의 IPCC총회에는 반기문 UN사무총장부터 노벨평화상 공동수상자인 앨 고어 전 미국 부통령까지 국제적인 인물들이 참여하여 지구온난화에 대한 강력한 경고성 메시지를 전달했다.

[표 4-2] IPCC가 내놓은 지구온난화 진단과 처방

증상 : 온난화의 증거	온난화의 원인
▶1906~2005년 지구 표면 평균기온 0.74도 상승 ▶61년 이후 해수면 연간 1.8mm씩 상승(93년 이후엔 연간 3.1mm씩 상승) ▶북극해 얼음 10년마다 2.7%씩 감소(여름만 따지면 10년에 7.4%씩 감소)	▶화석연료를 태우면서 배출한 온실가스 ▶1970~2004년 온실가스 배출량 70% 증가 ▶2005년 온실가스 농도 379ppm은 65만 년 지구 역사상 가장 높은 수치
향후 전망	온난화의 영향
▶2000~2030년 온실가스 배출량 최대 90% 증가 ▶2100년 온실가스 농도 최대 1560ppm으로 증가 ▶2100년까지 기온 최대 3.4도 상승 ▶해수면 최대 59cm 상승	▶강수량 증가, 태풍 강도 증가, 홍수 피해 증가 ▶일부 지역에선 물 부족, 저위도 지역 농작물 수확량 감소 ▶기온 1.5~2.5도 상승하면 생물 중 30%가 멸종 위기 ▶기온 3.5도 상승하면 상당수 멸종

대책	▶기온 상승율 2도 이하로 억제 ▶온실가스 농도는 445ppm이하로 억제 ▶적어도 2015년부터는 온실가스 배출량 감소세로 돌려야 ▶2050년에는 온실가스 배출량을 2000년 대비 50~85%로 줄여야

지구기온이 1.5~2.5도 상승하면 생물의 30%가 멸종위기에 처하고 기온이 3도 이상 오르면 해수면이 상승하여 전 세계 해안의 30%가 침수 위험에 빠지며 매년 100만 명 이상의 인구가 홍수의 위험에 노출될 것이라고 한다.

실제로 지구의 평균온도는 역사 이래 최근 50년 동안 가장 빠른 속도로 상승했다. 지금까지 가장 더웠던 해 10개가 모두 1990년 이후에 분포해 있고 2000년에는 갈매기가 최초로 북극에 도달했다. 빙산이 녹는 바람에 북극곰들이 익사하는 사건도 증가하고 있다. 단순히 '지구가 더워지고 있나보다' 라고 관조적인 자세를 취하기에는 지구의 생태적 환경이 급속도로 불안정해지고 있으며 인류에게 미치는 파장효과 또한 커지고 있다.

주지하다시피 지구온난화 현상의 주범은 온실가스라 불리는 이산화탄소(CO2), 메탄(CH4), 수소불화탄소(HFCs), 과불화탄소(PFCs) 등이다. 이런 온실가스를 감축하기 위한 국제적인 움직임이 1995년 3월 독일 베를린 기후변화협약 제1차 당사국 총회에서 본격적으로 시작되었고, 1997년 12월 일본 교토에서 개최된 기후변화협약 당사국 총회에서는 구체적 이행방안인 교토의정서가 발효되었다.

교토의정서에 따르면 교토의정서 비준 국가들은 1차적으로 온실가스 의무감축기간을 적용받게 되는데 이 기간이 2008년부터 2012년까지다. 한국은 1차 온실가스 의무감축기간에 해당되지 않지만 2차 공약기간(2013년~2017년)에는 온실가스 의무감축국가로 지정될 가능성이 높다. 교토의정서에 명시된 온실가스를 효과적으로 줄이기 위해 도입된 방안은 크게 배출권 거래제(ETS), 공동이행제도(JI), 청정개발체제(CDM)가 있다.

우선 배출권 거래제는 온실가스 감축의무가 있는 국가에 배출허용량을 부여한 후 국가 간 배출허용량의 거래를 허용하는 제도이며 2002년 영국에서 최초로 탄소배출권 거래시장이 형성되었다. 예를 들어, 굴뚝기업인 A 제조사가 탄소배출권판매가 가능한 B 기업으로부터 탄소배출권을 구매하면 A 기업은 그만큼 온실가스를 배출할 수 있게 되고 B 기업은 배출권 판매를 통해 경제적 이익을 얻게 되는 것이다.

현재 탄소배출권 거래시장의 주요구매자는 80%가 유럽으로 타 지역에 비해 압도적으로 많은 비중을 차지하고 있는데 판매자는 80% 이상이 아시아 국가들이다. 탄소배출권시장을 주목해야 하는 이유는 경제적 급성장에 대한 기대감 때문이다. 선진국기업 입장에서는 비용이나 기술이 필요한 온실가스 감소대책이나 청정에너지개

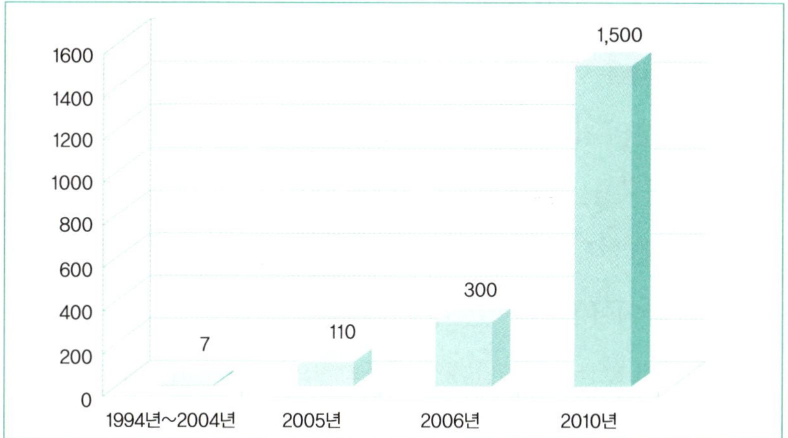

발에 투자하는 것보다는 상대적으로 비용과 시간이 절약되는 탄소배출권을 구매하는 편이 전략적으로 더 유리하다고 생각할 것이다.

현재 전 세계 10여 개 국가에 배출권거래소가 있는데 이들 시장의 규모는 날이 갈수록 커지고 있다. 국내에도 후성, 휴켐스, 한솔홈데코 등의 기업들이 탄소배출권 사업에 진출하여 실제로 판매수익을 올리기도 했다.

다음으로 청정개발체제는 선진국이 개발도상국에 투자하여 발생한 온실가스 배출 감축분을 자국의 실적에 반영할 수 있도록 하는 메커니즘이다. 선진국에서는 비용절감 효과를 볼 수 있고 개발도상국에서는 경제 및 기술적 지원을 받을 수 있다는 이점이 있다.

우리나라의 국제적인 위치는 현재 개발도상국에 해당되기 때문에 이런 혜택을 받을 수 있는데, 후성, 유니슨, 휴켐스, 한국코트렐 등 14개 이상의 기업이 CDM 사업을 추진 중이다.

교토의정서에는 온실가스배출량을 절대적으로 줄이는 것 못지 않게 대체에너지 사용을 촉진하여 우회적으로 온실가스를 줄이는 내용도 포함되어 있다. 이는 대체에너지 개발 및 사용의 가속요인이 될 수 있으며 EU는 2020년까지 에너지원의 20%를 대체에너지로 전환하고, 미국은 2017년까지 재생연료를 5배 증가한다는 계획을 가지고 있다.

2007년 현재 우리나라에 등록된 CDM 사업의 약 60%가 에너지 관련 사업이다. 이런 측면에서 보았을 때 단순히 온난화 방지를 위한 기업뿐 아니라 태양열, 태양광, 풍력, 천연가스, 수력, 원자력 등의 대체에너지 사업을 진행하는 기업에도 주목해야 한다.

지구온난화에 관련된 이슈는 이제 본격적인 궤도에 들어섰다고 할 수 있다. 교토의정서에 명시된 1차의무감축기간이 2008년부터 시작되어 여러 국가로 확대될 예정이고 정부, 기업, 민간 차원에서의 관심도 더 집중될 것이다. 우리는 이런 변화의 순간에 관련 기업들의 움직임뿐 아니라 대체에너지 관련 상품, 기후변화나 온난화 테마와 연관된 간접투자상품에도 주목해야 한다. 산업은행, 우리CS, 미래에셋, 삼성, 알리안츠, 대신, 도이치DWS, 슈로더, KB 등 많은 자산운용사에서도 관련 상품들을 출시하고 있다. 지구온난화 문제는 당장 피부에 와 닿지는 않지만 분명히 중요한 문제이며 점차 관심을 가져야 할 이슈임에 틀림없다.

리디노미네이션

몇 년 전 강남지역 주부들 사이에 '리디노미네이션' 루머가 떠돌기 시작했다. 소문의 근원지가 어디인지도 모른 채 리디노미네이션이라는 단어 자체가 생소했던 시절에 강남 일부 부유층 사이에만 소문이 퍼진 것이다. 이들의 주관심사는 물론 자신이 보유하고 있는 자산의 향후 가치 변동 여부였다.

2007년, 모 경제지가 주최한 재테크 강연회에서 필자는 강의 참석자들에게 질문을 던졌다. 리디노미네이션이 일어날 경우 자산가치가 어떻게 변할 것 같은지 물었다. 그런데 놀랍게도 리디노미네이션이라는 말을 들어 본 적도 없는 사람들이 대부분이었고 단어를 안다 하더라도 정확한 개념까지 알고 있진 않았다. 일부 언론과 정부기관에서 리디노미네이션으로 인한 사회적 혼란 가능성을 제기하고 있는데도 실질적인 소비주체들은 이 개념에 대해 전혀 모르고 있다는 사실이 안타까웠다.

리디노미네이션(redenomination)은 화폐의 액면금액(화폐의 호칭)을 변경하는 것을 말한다. 디노미네이션(denomination)은 '화폐의 명칭, 액면금액'을 뜻하는데 이를 바꾸는 것이다.

예를 들어 1,000원의 화폐를 100원으로 변경하는 것을 말하는데 이때 화폐의 실질가치에는 변함이 없다. 화폐가치는 평가절상되거나 평가절하될 때에만 바뀐다. 이와는 달리 리디노미네이션은 모든 금액이 일괄적으로 변하기 때문에 가치의 변동은 없고 자릿수만 바뀌는 것이다.

리디노미네이션은 2003년 노무현 정부의 인수위원회 활동 중 언급되면서 각계 각층의 의견적 대립을 낳기도 했다. 현재 시행 시기가 확정되지는 않은 상태이지만 그에 대한 필요성은 사실 정부나 많은 경제 전문가들이 공감하고 있다. 2008년 새 정부에서 이에 대해 본격적으로 논의할 가능성이 크다. 고액권의 발행과 경제 규모의 성장, 금융 자산의 증가 등이 그 배경이 될 것이다.

한국은행은 2009년 상반기에 신사임당을 도안으로 한 5만 원권과 김구 선생을 도안으로 한 10만 원권을 발행하기로 결정했다. 현재 OECD 회원국의 최고액권은 헝가리의 2만 포린트(HUF: Hungarian Forint) 지폐로 우리나라 돈으로 약 10만 원에 해당한다. 한국의 10만원 권이 발행되면 단연 최고 액면가가 되는데 실질액면가치 상에서는 중간수준 밖에 되지 못한다. 숫자 자릿수에 비해 실질가치의 위상은 낮기 때문이다.

[표 4-3] 라디노미네이션(화폐단위변경)의 장점 및 단점

장점	단점
1. 거래와 회계 장부의 기록이 간편해짐	1. 새로운 화폐 제조와 컴퓨터 시스템, 자동판매기, 장부 전표 변경에 비용 소요
2. 통화의 대외적 위상 향상	
3. 인플레이션 기대 심리가 억제됨	2. 물가 상승 가능성
4. 지하 퇴장 자금의 양성화 촉진 가능	3. 심리적 불안감 및 저항감 초래

　여기서 리디노미네이션의 첫 번째 필요성이 발생한다. 실질화폐 가치에 비해 겉으로 나타나는 수치가 너무 크다는 것이다. 고액신권이 발행되는 2009년에는 우리나라의 금융자산총액이 1경(京)원에 달할 것이라고 한다. 1경원은 '0'이 17개나 들어가는 엄청난 숫자이다. 한국은행의 영문판 통계자료를 보면 쿼드릴리언(quardrillion)이라는 용어가 등장한다. 10의 15승을 뜻하는 단어이다. 화폐의 액면 단위가 크다 보니 이런 웃지 못할 방법이 사용되는 것이다.

　이는 숫자를 기장하는 문제로 그치지 않는다. 국민소득 2만 달러, 경제규모 상위 국가의 화폐위상이 '싸구려' 냄새를 풍긴다는 것이다. 지금은 환율이 많이 하락했지만(3월 14일 현재 1달러당 985원) 과거에는 1달러에 1,000원이 넘어가는 교환비율이 성립했다. 미국화폐는 1인데 반해 한국의 화폐는 1,000단위가 필요한 것이다. 한국에 대해서 잘 모르는 외국인은 한국의 경제규모를 의심하게 되는 부분이

다. 자국에 대한 자부심이 강한 프랑스는 1960년 드골 정부 시대에 리디노미네이션을 실시했는데 당시 추진 이유 중 하나가 이런 맥락이었다.

다음으로 사회경제적인 측면에서 리디노미네이션의 필요성이 존재한다. 화폐의 액면단위가 크면 회계 상의 장부기재, 지급결제, 금융기관의 전산시스템 등에서 문제가 발생한다. 표현 상의 문제뿐 아니라 계산상에서 착오까지도 빈번하게 일어난다. 물가상승으로 인한 문제도 불거진다. 경제활동이 계속되고 국가가 성장과정에 있는 한 물가상승은 피할 수 없는데 이때 거래단위는 점점 커지게 된다. 1980년대 50원이던 아이스크림이 현재 500원으로 올랐다는 것을 생각해 보면 이해하기가 쉬울 것이다.

1원의 비효율성 문제도 있다. 전기이용료나 이동통신요금 고지서를 보면 1원 단위까지 금액이 표시되기는 하지만 대부분 절사된다. 6만 8,532원의 요금이 청구될 경우 2원은 이용료를 징수하는 측에서 사용자에게 받지 않는다. 이는 경제활동에서 사장되는 금액이며 경제적으로 볼 때 매우 비효율적이다. 사실 1원은 말할 것도 없고 10원, 50원의 사용빈도도 급격하게 감소했다. 리디노미네이션이 실행되면 1원, 10원, 50원의 가치는 다시 부활할 것이다.

리디노미네이션은 주식시장의 액면분할(strock split)과 비슷한 역할을 한다. 액면분할은 말 그대로 주식을 잘게 쪼개는 것을 의미하는데 주권 한 장을 여러 장의 소액권으로 나누는 것이다.

예를 들어 액면가 5,000원 짜리 주식 1주를 500원짜리 10주로 나눌 경우 현재가 1만 원 짜리 주식은 1,000원이 된다. 1,000원 짜리 주식이 10% 상승하면 100원이 오른 1,100원이 되는데, 이 100원은 과거 10,000원일 때의 1%에 해당된다. 투자자는 평소에 1만 원짜리 주식을 구매하다가 동일한 기업의 주가가 1,000원이 되면 무척 싸다는 느낌을 받게 된다. 주가가 1만 원일 때 1,000원이 올라야 10% 상승한다는 것을 기억하고 있기 때문에 1,000원이 되었을 때 그 10%인 100원이 오르는 것은 절대금액 상으로 크지 않다고 느끼게 된다. 실제로 이런 현상은 주식시장에서 자주 접할 수 있으며 1990년대에는 '액면분할주' 라는 테마가 형성되어 주가가 오르던 시기도 있었다.

부동산에도 이와 비슷한 현상이 일어날 가능성이 충분히 있다. 10억짜리 아파트는 고가의 아파트라고 생각되지만 리디노미네이션을 통해 가격이 1억이 되면 싸다는 느낌을 받게 된다. 마찬가지로 10억짜리 아파트 가격이 1억 오르는 것은 크게 느껴지지만 1억짜리 아파트 가격이 1,000만 원 오르는 것은 상대적으로 적게 보인다. 경제학자 케인즈는 '일반이론'에서 화폐환각이 생길 경우 노동자는 화폐임금의 인하에는 반대하지만 실질임금의 절하에는 별 반응을 보이지 않는다고 주장했다. 명목임금이 300만 원에서 200만 원으로 떨어지는 것에는 민감하게 반응하지만, 명목임금이 300만 원이더라도 물가상승률 등을 감안하여 실질임금이 200만 원으로 떨어질 때에는 이를 실감하지 못하여 반발이 적다는 것이다.

리디노미네이션이 시행되면 실질가치의 증감에 대해서 무감각해져 자산가치의 상승과 물가상승을 불러일으킬 수 있다. 특히 몇몇 연구기관의 자료를 보면 리디노미네이션 시행과 관련하여 자산가치 상승에 대한 문제가 중요하게 언급되어 있다. 주요소비계층의 화폐가치에 대한 착각과 정비되지 않은 경제시스템 상의 문제 그리고 자금의 유동성 등이 주식이나 부동산 등의 실물자산의 가격상승을 야기한다는 것이다. 정부에서 리디노미네이션과 관련된 액션플랜 일체를 구상해 놓고 시행을 하지 못하는 이유 중 하나가 2000년대 들어서 주식시장과 부동산시장이 급격하게 상승했기 때문이라는 의견도 있다.

2000년 이후 한국은행이 고려하고 있는 화폐제도개선안은 크게 세 가지다. 첫 번째가 위조지폐 방지를 위한 화폐교체, 두 번째는 고액권 발행, 마지막이 리디노미네이션이다. 세 가지 개선안 중 두 가지는 이미 시행되었으므로 남은 것은 리디노미네이션뿐이다. 시행 여부보다는 언제 할 것인가의 문제만 남아있다고 보면 된다. 특히 리디노미네이션은 화폐제도개선안 중 경제 및 사회적으로 파급효과가 엄청난 제도이다. 이 사실에 주목하여 이런 변화를 앞두고 어떤 행동을 취해야 할지 고민해야 할 것이다.

달러가치 하락의 위기를 기회로

주식투자자 최 씨는 연일 계속되는 달러 약세 소식에 걱정이 커졌다. 달러가치 하락은 곧 원화 가치 상승을 의미하기 때문에 수출기업이 경제발전에 주된 역할을 하는 우리나라 주식시장에는 큰 악재라고 생각한 것이다. 그는 이제 주식시장에서 주식을 정리하고 나올 때라고 생각하고 평소 거래하는 증권사의 담당직원을 찾아가 보기로 했다.

통화가치의 변동은 양날의 칼과 같다. 자국에 이득이 되는 면도 있지만 손해가 되기도 한다. 예를 들어 1달러당 1,000원이던 환율이 1달러당 1,500원으로 상승했다고 가정해 보자. 달러가치는 1달러로 고정되어 있는데 원화가 1,000원에서 1,500원으로 올랐으므로 원화가치는 하락했고 달러가치는 상승했다. 즉 원화가치는 평가절하되고 달러가치는 평가절상된 것이다.

이렇게 원화가 평가절하되면 수출기업들은 유리한 입장에 놓인다. 수출대금은 달러로 받는데 국내에서 환전하면 과거에 1,000원을 받다가 1,500원을 받게 되므로 예전과 같은 노력을 하면서도 500원의 이익을 더 가져가는 것이다.

이 현상은 달러강세라고도 표현하는데, 달러가 강세라는 말은 국제외환시장에서 외환딜러들이 한국의 원화와 미국달러 중에서 미국달러의 구매를 더 선호한다는 뜻이기도 하다. 미국달러의 수요가 높아지는 이유는 여러 가지가 있겠지만 미국의 정치적인 안정과 인플레이션 억제정책 등의 영향이 크다. 전 세계적으로 통용되는 화폐 중 달러가 대장역할을 한다는 의미도 담겨 있다. 우리가 해외여행을 할 때 미국으로 떠나는 것이 아닌데도 미국달러를 환전해 가는 이유가 여기에 있다. 비단 여행에만 국한된 것이 아니라 국가 간의 거래에서도 달러가 중요한 역할을 하고 있다.

그러나 최근에는 달러의 세력이 점차 약해지고 있다. 일시적인 수요공급 상의 문제로 보기에는 하락추세 기간이 너무 길다. 2001년부터 지속적인 하락추세를 보이고 있는데 그 원인을 간단하게 살펴보자.

[그림 4-4] 최근의 달러 인덱스 추이

우선 첫 번째 원인은 달러의 공급이 너무 많아졌다는 것이다.

어느 산골 마을에 사는 젊은 청년 A군이 해외여행을 다녀온 기념으로 1 달러짜리 지폐 한 장을 들고 왔다. 청년이 마을회관에서 사람들을 모아 놓고 외국돈을 자랑하자 1 달러를 처음 본 마을 주민들은 마냥 신기해 했다. 급기야 1 달러를 1만 원에 사겠다는 사람도 나타나고 10만 원까지 주겠다는 사람도 있었다. 그러나 세월이 흘러 해외여행을 다녀온 마을사람들이 늘어나자 1 달러 지폐는 흔한 화폐가 되었다. 더 이상 1 달러를 1만 원이나 10만 원에 사겠다고 나서는 사람은 없었다. 산골마을에서의 달러가치가 하락한 것이다.

위 이야기는 미국 달러의 현실을 나타내고 있다. 과거에는 금이 국제통화로 사용되었다. 이를 금본위제라고 하는데 금본위제에서는 국가가 금을 많이 보유할수록 그만큼 통화를 더 발행할 수 있다. 하지만 20세기 초 제1차 세계대전과 세계대공황을 거치면서 각국 정부들은 금본위제를 포기했다. 통화량을 증가시켜 경기활성화를 유도해야 하는데 금에 발이 묶이다 보니(금보유량이 적은 국가는 화폐발행을 마음대로 하지 못하므로) 제한된 통화정책을 시행할 수밖에 없었기 때문이다. 그후 발발한 제2차세계대전은 금본위제의 완벽한 폐지를 가져오는 결과를 초래했다. 이에 미국을 비롯한 세계열강들이 미국의 브레튼우즈(Bretton Woods)에 모여 금본위제를 폐지하고 달러를 기축통화로 결정했다.

이후 미국은 10년이 넘도록 쌍둥이 적자(재정수지 적자와 경상수지 적자)에서 헤어나오지 못하면서 달러 시대는 위기를 맞게 된다. 적자란 벌어들이는 것보다 쓰는 것이 많다는 말이다. 즉 벌이보다 큰 돈을 쓰고 있는 형국인데 적은 벌이로 큰 지출을 메우기 위해서는 빚을 내서 갚든지 담보가 될 만한 물건을 내놓아야 한다.

브레튼우즈 체제 이후 미국의 달러화는 전 세계의 기축 통화로써 반세기 넘도록 세계시장을 독식했다. 세계 어딜 가나 달러를 내밀면 만사 오케이였다. 달러를 발행할 수 있는 국가는 전 세계에서 미국뿐이다. 미국이 빚에 허덕이고 있다면 미국이 취할 수 있는 가장 손쉬운 대안은 달러를 더 발행해 돈을 갚는 것이다. 달러가 전 세계 공통화폐이기 때문에 가능한 일이다.

문제는 여기서 발생한다. 쌍둥이 적자가 너무 오랜 기간 동안 지속되다 보니 이런 식으로 발행하여 초과공급된 화폐가 전 세계 국가로 퍼져나가게 된 것이다. 조그만 마을에 한 명만 들고 있던 달러가 이제는 동네 강아지까지 입에 물고 다닐 정도로 흔해진 것이다. 이때 당연히 달러의 가치는 떨어질 수밖에 없다.

두 번째 원인은 미국의 경제적 위상 변화이다. 미국이 전 세계의 경제, 군사 등을 지배하던 팍스아메리카나(Pax Americana)는 이미 지난 지 오래며 중국, 유럽연합 등이 그 자리를 위협하고 있다. 미국이 세계경제에서 차지하는 비중은 점차 줄어들고 있으며 미국경제 차체 체력 또한 약해졌다. 이러한 이유로 미국달러에 대한 매력이 반감되어 달러가치가 하락하게 되었고 인플레이션이라는 악재까지 겹쳤다. 10년 전만 하더라도 한국에 여행 온 미국인이 10달러로 2만 원 정도의 물건을 살 수 있었는데 이젠 같은 물건을 사려면 20달러로도 모자란다. 통화가치변화에 의한 인플레이션은 미국경제에 상당한 부담으로 작용할 것이다.

처음 소개한 최 씨의 사례로 돌아가 보자. 최 씨는 원화강세가 수출기업이 많은 우리나라 경제에 부정적인 영향을 미쳐 주식시장도 나빠질 것이라고 예상했다. 그러나 이를 뒤집어 생각해 보면 투자의 기회를 잡을 수도 있다.

우리가 집 금고에 달러를 잔뜩 쌓아두고 있다고 가정해 보자. 연일 신문과 TV에서는 달러가치가 떨어지고 있다는 소식을 전하고 있다. 우리는 달러를 계속 보유해야 할까? 아니면 지금이라도 원화로 바꿔서 은행에 넣어둬야 할까?

이는 현재 달러보유자들의 고민이기도 하다. 달러를 다량보유하고 있거나 달러유입이 잦은 국가에서는 달러가치하락이 큰 부담이다. 미국을 상대로 대량수출을 하거나 국제교역시장에서 큰 거래를 하는 국가들은 달러유입이 잦다. 대표적인 예가 석유를 수출하는 중동국가들인데 이들은 전 세계적인 기축통화인 달러로 결제대금을 받는다. 달러자산을 많이 가지고 있는 중국과 같은 국가들도 달러가치하락이 자산가치하락으로 직결되는 만큼 달러의 움직임에 촉각을 곤두세우고 있다.

이때 달러보유국들은 달러를 팔고 다른 자산에 투자하려고 할 것이다. 달러자산의 대안으로 떠오르는 자산은 크게 두 가지이다.

첫 번째는 역사적으로 화폐대용 역할을 해온 금이다. 화폐가 불안할 경우 투자자들은 실물자산을 선호한다. 실물자산 중에서 화폐와 가장 가까운 역할을 하는 것이 바로 금이다. 과거의 사례를 살펴

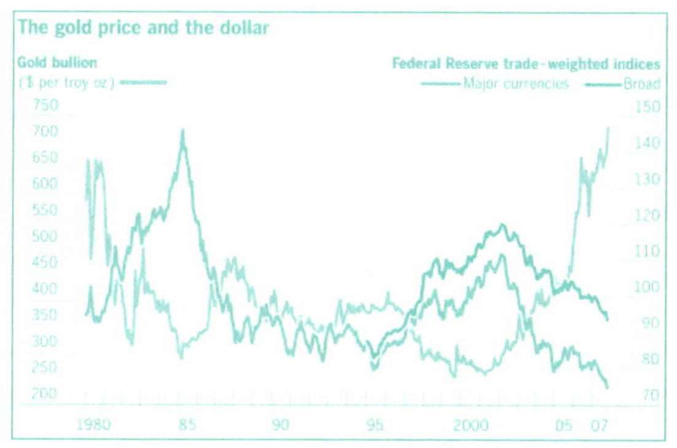

보면 금은 달러가치와 반대로 움직였음을 알 수 있다.

현재 각 국가들의 중앙은행이 보유한 금보유량은 과거 수준의 평균에도 미치지 못하고 있다. 따라서 중앙은행들의 금에 대한 수요가 발생할 가능성은 충분하다.

게다가 전 세계적으로 금생산량이 감소추세를 보이고 있다. 금은 자연에서 채취해야 하는 천연재이기 때문에 양은 한정되어 있으며 자연환경의 변화에도 민감하다. 앞으로 금의 수요는 일정하거나 증가하고 공급은 감소할 것이기 때문에 수요공급측면만 고려하더라도 금가격의 상승을 예상할 수 있으므로 금시장의 움직임을 주목해야 할 것이다.

두 번째로 유효한 투자자산은 '성장' 중심국가의 주식, 즉 주로 아시아권 국가를 중심으로 한 신흥시장의 주식이다.

신흥시장은 2000년 이후 처음으로 선진국 시장의 주가수익률

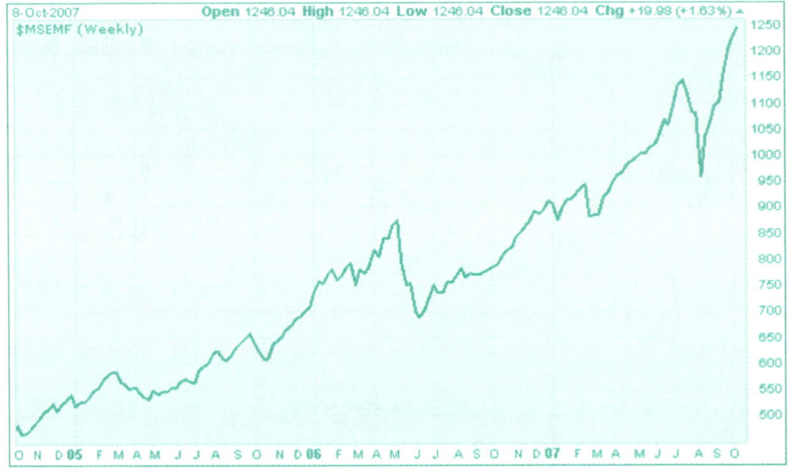

(PER)을 넘어섰다. 이는 그 동안 신흥시장지수가 긴 상승추세와 짧은 조정을 반복하며 급격한 성장을 보여왔기 때문인데 조정시기나 하락시기는 평균 3~5개월, 상승시기는 평균 6~12개월의 기간을 거치면서 우수한 수익률을 보이기도 했다. 많은 전문가들이 이러한 추세가 지속될 것이라고 예상하고 있다. 글로벌 유동성이 유지되고 글로벌 경기사이클에도 큰 변동이 없다면 앞으로 아시아를 비롯한 신흥시장을 파악하고 있는 것이 좋다.

달러가치하락으로 인한 원화강세의 영향으로 국내수출업체들이 타격을 입을 것이므로 보고 주식을 처분하려 했던 최 씨는 위험을 액면 그대로 받아들였다. 달러가치하락을 다른 시각으로 해석하면 위기는 기회가 될 수 있다. 원화강세가 단기적으로는 부정적인 영향을 끼칠 수 있지만 거시적인 관점에서 경제의 큰 변동과정 중 하나라고 생각한다면 더 훌륭한 투자기회를 거머쥘 수 있다. 위기를 위기로만 받아들이고 기회를 기회로만 생각하지 말고, 발상을 전환시켜 보면 효율적인 투자전략은 얼마든지 찾을 수 있다.

Q : 금과 신흥시장에 주목해야 한다. 그렇다면 개인투자자들은 어떤 방법으로 이러한 자산에 투자할 수 있나요?

최근에는 해외에 직접투자하는 개인들이 많이 늘어났기 때문에 금의 경우에는 해외에 상장되어 있는 금 관련 ETF에 투자하는 것도 좋은 방법이다. 이 방법이 번거롭고 생소하다면 국내 시중은행의 골드뱅킹을 이용하여 금 실물투자를 할 수도 있다.

신흥시장에 투자하기 위한 방법 중 하나는 국내에서 판매 중인 신흥시장 관련 펀드나 아시아 관련 펀드에 가입하는 것이다. 신흥시장과 아시아시장을 세분화하여 판매되고 있는 펀드 상품들이 많이 있으므로 잘 살펴보고 선택하면 된다.

더불어 중장기적인 관점에서 아시아시장의 인프라 관련 사업을 추진 중인 기업이나 아시아경제성장과 연관되어 있는 기업에 대한 직·간접적으로 투자하는 것을 고려하여 투자전략을 세워볼 수도 있다.

인구구조^의 변화

'58년 개띠'는 대한민국에서 특정 세대를 지칭하는 대표적인 단어 중 하나다. 한 취업포털사이트의 조사에 따르면 출생연도가 기재된 임원 2,365명의 연령대를 분석한 결과 10명 중 1명은 1958년생이었다고 한다. 이들은 고교평준화의 첫 세대로 동류의식이 강하고 각종 사회적인 변화를 몰고 온 세대들이기도 하다. 몇 년 전 언론들은 이 세대를 새롭게 조명하며 베이비붐 세대로 대표되는 '58년 개띠'들이 지닌 '뭔가 특별한' 것에 주목하기도 했다.

'58년 개띠'는 베이비붐 세대이기는 하지만 단순히 인구수가 많다는 이유로 주목받고 있는 것 같지는 않다. 통계청의 자료를 근거로 인구동향을 살펴봤을 때 1958년에 약 100만 명의 신생아가 태어났는데 이 수치는 1957년이나 1959년과 비슷한 수준이다. 이 세대가 주목받는 이유는 이들이 앞으로 우리나라 사회경제에 끼칠 영향이 크기 때문이다.

우리나라는 한국전쟁 이후 1955년~1963년 사이의 출생자들을 베이비붐 세대로 분류하고 있다. 미국이나 일본에서 정의하는 베이비붐 세대와는 차이가 있는데 미국의 경우 제2차세계대전 이후인 1946년~1964년 사이에 태어난 사람들로 베이비붐 세대를 폭넓게 정의하고 있다. 이들의 성장과 경제산업의 흥망성쇠가 함께했다고 해도 과언이 아닐 정도로 베이비붐 세대와 경제는 밀접한 관계에 있다.

이들이 갓난아기일 때 기저귀산업은 초호황을 누렸으며 성인이 되어 주택을 구입할 시기가 되었을 때에는 가격이 저렴하면서도 도심에 위치해 있는 다가구주택들의 가격이 상승했다. 코카콜라, MTV, 포드자동차, GM 등은 베이비붐 세대 덕분에 화려하게 글로벌 기업으로 도약했다. 주식시장 역시 베이비붐 세대 덕을 봤다. 미국의 금리가 5%대 수준이었을 때 베이비붐 세대들은 저금리를 이용해 앞다투어 주식시장에 뛰어 들었고 자금의 유동성이 확보되자 주식시장은 활기를 띠게 되었다.

일본은 1947년~1949년 사이에 태어난 사람들을 베이비붐 세대 혹은 단카이 세대라고 부르는데 이들은 일본전체인구의 5%를 차지한다. 도쿄올림픽과 경제성장시대에 가장 활발하게 활동했던 이들은 일본경제에 가장 화려했던 시기를 장식했으며 주식과 부동산시장 또한 유례 없는 호황을 보였다.

이렇듯 베이비붐 세대들이 시장에 진입하던 시기에는 고성장, 고물가, 고금리 현상이 일어났고, 이들이 중년세대가 되는 시기에는 저물가와 안정기에 접어들었으며 은퇴시기에는 경제성장률이 하락했다. 베이비붐 세대의 시장진입시기에 나타난 유례 없는 부동산시장의 급상승은 미국, 일본, 한국 모두 공통적으로 나타난 현상이다.

우리나라 역시 베이비붐 세대들의 주택수요가 급증할 시기인 1980년대 후반부터 지역이나 주거형태를 불문하고 전반적인 주택가격이 상승하기 시작했다. 당시 정부는 주택수요를 충족시키기 위해 국민주택 200만호 건설을 추진하여 건설업종이 호황을 누리기도 했다.

부동산시장의 수요가 높아지면 상대적으로 주식시장은 약해진다. 1987년 종합주가지수 상승률은 72.8%였지만, 1988년 0.3% 상승, 1989년 23.5% 하락, 1990년 12.2% 하락, 1991년 11.1% 상승 등 전반적으로 주식시장이 약세를 보였다.

시장에 진입한 베이비붐 세대들이 본격적인 노동활동을 하게 되면 기업은 전반적으로 생산성이 증가한다. 이에 따라 저물가와 저금리가 동시에 일어날 수 있으며 주가는 기업실적 호전과 저금리 기조로 인해 상승할 가능성이 높아지고 부동산시장은 차별화가 진행된다. 2000년대는 베이비붐 세대들이 30대 후반~50대 초반을 형성하게 된다. 이들의 주택수요는 시장진입시기 때와는(젊은 시절의) 달리 자녀교육, 교통, 편의시설, 문화시설, 커뮤니티 등을 고려하여 다양하게 나타나고 있다. 1980년대 후반과는 다르게 지방보다는 수도권, 주택보다는 아파트, 소형보다는 중대형 평수를 선호하고 있다. 실제로 2000년대 우리나라의 부동산가격은 이러한 선호도가 반영되어 차별화된 움직임을 보였고, 김대중 정부와 노무현 정부 시절에는 주식시장의 상승폭이 두드러지게 높아졌다. 우리나라는 이러한 현상이 나타나기 시작한 지 얼마되지 않았지만 미국과 일본에서는 이미 진행되고 있는 현상이다.

[표 4-4] 미국, 일본, 한국의 베이비붐 세대 비교

국가	특징
미국	1946~1964년생 1년에 총 2조 달러를 쓰며 전체 소비의 50%를 차지 2006년부터 은퇴 시작 고령자 주소득원 : 공적연금 및 생활보호(55.8%), 자녀 및 친지 지원(23%)
일본	1947~1949년생 179조 엔의 거대한 금융자산 보유 2007년부터 은퇴 시작 고령자 주소득원 : 공적연금 및 생활보호(57.4%), 근로소득(21%)
한국	1955~1963년생 과다한 자녀교육비 지출로 소비여력 미비 2008년부터 은퇴 시작 고령자 주소득원 : 자녀 및 친지 지원(56.6%), 근로 소득(26%)

다음으로 주목해야 할 인구구조의 변화는 인구고령화와 출산율 하락이다. 최근의 출산율 하락으로 인해 인류역사상 최초로 자발적 인구감소현상이 나타날 것이라고 한다. 인구고령화와 더불어 사회 및 경제시스템에 큰 변화를 가져올 것으로 예상된다. 우리나라의 인구구조는 피라미드형에서 1970~1980년대를 거치면서(베이비붐 세대의 기여) 현재 항아리형 구조를 취하고 있으며 10~15년 후에는 역피라미드형 구조가 될 것이라고 한다. 청장년층 인구의 감소는 노동생산성뿐 아니라 군사력, 재정, 경제 측면에 악영향을 끼치게 될 것이다.

또한 은퇴인구의 증가는 수요와 공급의 균형이 중요한 가격형성변수가 되는 주식시장과 부동산시장에 악재로 작용하게 된다. 금리 역시 역사상 보기 드문 저금리가 유지될 수 있으므로 사실상 이러한 가정이 현실이 되면 재테크 시장은 장기적인 침체에 들어갈 가능성이 매우 높다.

그렇다면 대책은 없는 것일까? 우선 노동인구를 보완하기 위한 외국인 노동자 유입방안이 있다. 이는 이민법과 같은 법률적 개선이 필요한 부분인데 지금보다 적극적으로 외국인 노동력을 수입하는 것이다. 미국 하버드대학 교수이자 경제학도들의 필독도서인 《맨큐의 경제학》의 저자인 그레고리 맨큐(N. Gregory Mankiw)는 1990년대에

2000년대 미국 부동산시장이 폭락할 것이라고 예견했으나 실제 결과는 정반대였다. 이런 결과가 나온 이유는 맨큐 교수가 '이민자의 유입'이라는 중요한 변수를 놓쳤다는 의견이 설득력을 얻고 있다.

우리나라 역시 10~15년 이후 자동화 기계와 외국인으로 노동력을 보완하고 이민자와 같은 새로운 수요집단이 형성되면 재테크시장의 장기적인 침체를 어느 정도 유예시킬 수 있을 것이다. 그러나 이는 어디까지나 가정을 전제로 한 시나리오일 뿐이다.

어찌 되었든 간에 투자자의 입장에서는 중장기적인 시각으로 인구구조를 이해해야 한다. 인구구조가 사회 및 경제적으로 미치는 영향이 크기 때문이다. 최근의 펀드열풍 역시 베이비붐 세대들이 주도하고 있으므로 이들의 움직임이 주식시장과 부동산시장에 매우 중요한 변수로 작용할 것임에는 틀림없다.

2007년 현재 전체인구 중 40~50대 중장년층 인구가 차지하는 비중은 28%이다. 이 비중은 지속적으로 증가하여 2015년 전후로 30~35%에 달할 것이라고 한다. 이후에는 앞에서 언급한 바와 같이 하락추세가 예견되는데 (주택시장의 급등이 이들에 대한 예측 실패로 인한 부분이 영향이 크다면) 자본시장 역시 이들의 탄탄한 수요증가세로 인하여 중장기적인 상승곡선을 그릴 가능성이 크다.

40~50대 인구비중이 증가하고 커다란 외부적인 충격이 가해지지 않는 한 자산시장은 호전될 것이다. 1인당 국민소득 2만 달러 시대, 중장년층의 여유자금, 자산을 형성하기에는 미흡한 저금리 기조, 한국 주식시장의 매력, 양질의 주택에 대한 중장년층의 유효수요 등은 주식시장의 호황과 부동산시장의 차별적인 상승을 예측하게 하는 부분이다. 경제지표, 미국시장의 등락, 건설시장의 움직임 외에 좀 더 큰 틀인 인구구조의 변화라는 트렌드까지 감안하여 자산시장을 이해하도록 하자.

미국을 구한 오일머니

2007년 11월 서브프라임 사태 여파가 지속되는 가운데 미국 시장이 아랍에미리트연합국(UAE)의 국부펀드인 아부다비 투자청(ADIA)이 75억 달러 규모의 시티그룹 지분 매입을 결정했다. 국제 금융시장은 시티그룹의 자금 유입에 일제히 반등을 시도했다. 미국의 최대은행이자 자존심이라 불리는 시티그룹이 미국과 석유자원 문제로 갈등구조에 있던 중동 국부펀드로부터 자금을 지원받은 것에는 상징적인 의미가 담겨 있다.

2007년 11월 고유가와 서브프라임 사태로 암울했던 글로벌 증시를 구출하기 위해 수퍼맨이 등장했다. 바로 '오일머니' 다. 도대체 오일머니가 뭐길래 전 세계 경제규모 1위의 미국을, 그것도 미국의 자부심이자 최대은행인 시티그룹을 위기에서 구출한 것일까?

21세기 들어 국제유가는 신흥 국가들의 경제발전과 전쟁 등의 정치 및 지정학적 위험 등이 잇달아 맞물려 급등했다. 이는 단기적인 현상이 아니라 구조적인 원인이 뒷받침되고 있기 때문에 전문가들은 유가상승 현상이 계속될 것으로 내다보고 있다.

우리가 알고 있는 것과 달리 근대 석유산업은 미국에서 시작되었다. 물론 석유산업 발전의 분수령은 1908년 이란에서 석유가 발견된 것이지만 석유산업은 초기에 미국에 의해 가격이 결정되는 시스템으로 시작되었다. 그러나 1971년 미국 텍사스 철도위원회(TRRC)에서 생산량을 통제하면서 석유산업의 패권은 석유수출국기구(OPEC)로 넘어가게 되었다.

안타깝게도 당시 OPEC국가들은 이를 곧바로 부로 연결시키는 구조를 갖추지 못하고 있었다. 생산되는 원유에서 나오는 부가가치의 상당량을 '일곱 자매(Seven Sisters)' 라 불리는 엑슨, 모빌, BP, 로얄더치 등 영미권 메이저 정유회사들이 가져가는 구조였기 때문에 원유생산국은 특권다운 특권을 누리지 못했던 것이다. 이후 아랍국가들이 석유의 무기화를 꾀하고 이란을 중심으로 적극적으로 생산량을 통제하면서 수익 부분에서 산유국의 우월적 지위를 차지했다.

이에 따라 2000년대 초 20달러이던 유가는 2008년 현재 100달러를 돌파하기에 이르렀고 막대한 규모의 오일머니가 석유수출국으로 유입되었다. 과히 오일붐이라 불릴 만큼 자금 규모는 어마어마한데 2000년 이후 6년간 1조 7,000억 달러가 넘어섰으며 앞으로 2조 달러는 무난히 초과할 것으로 보인다. 오일머니의 실질적 수혜국가는 GCC(걸프협력회의, Gulf Cooperation Council)의 6개국(사우디아라비아, UAE, 쿠웨이트, 오만, 바레인, 카타르)이다. 중동 걸프 지역이 세계 최대 석유매장지역임을 감안할 때 고유가가 지속되는 한 이들 국가들에 유입되는 오일머니는 더 넘쳐날 것이다.

이들 중동 지역은 막대한 오일머니의 유입에 따라 적극적으로 국내외 투자에 나서고 있다. 국제금융연합회(IIF)에 따르면 GCC의 해외자산 증가분 가운데 주식투자 비중은 38%나 차지하고 있으며 대규모 지분매입에 따라 전 세계적인 M&A 열풍을 주도하고 있다고 한다. 이들 자본은 아시아뿐 아니라 북미 지역까지 뻗어가고 있는데 이미 미국 칼라일그룹의 지분 7.5%, 뉴욕 헤지펀드 오크지프캐피털의 지분 9.9%, AMD의 지분 8%를 매입했다. 프록터앤갬블, 펩시, 타임워너, 월트디즈니 등이 나스닥이나 영국 런던증권거래소의 최대 주주로 등극한 배경에는 오일머니가 숨어 있었다.

맥킨지 글로벌 연구소에 따르면 오일머니의 투자지역은 미국(55%), 유럽(18%), 아시아(11%) 등인데 우리가 주목해야 할 부분은

[그림 4-7] 중동국가의 증가하는 M&A 규모

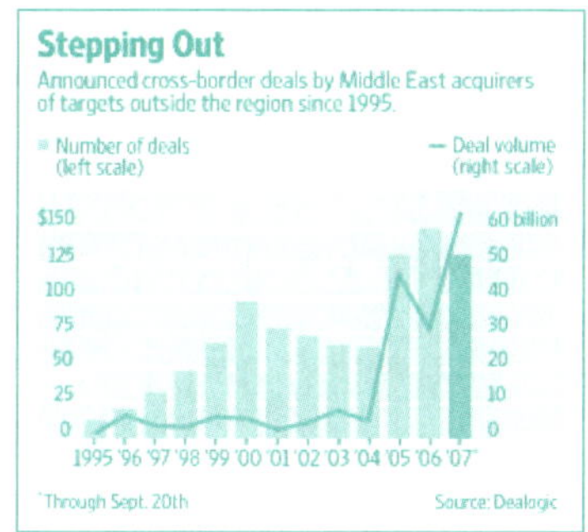

바로 아시아 지역이다. 아시아 지역의 투자비중은 앞으로 점차 증가할 것으로 예상된다. 아시아 일부지역이 중동과 유사한 종교문화권이고 지리적으로도 가까우며 아시아 내 글로벌기업의 증가속도가 가중되는 등 유럽이나 북미대륙과는 다른 매력을 지니고 있기 때문이다. 아시아 지역에 오일머니가 대거 유입되면 아시아의 증시나 부동산에도 긍정적인 영향을 줄 것임은 분명하다.

[그림 4-8] 국내증시의 외국인자금 순매수 추이
(2007년 1월~9월)

(출처 : 금융감독원)

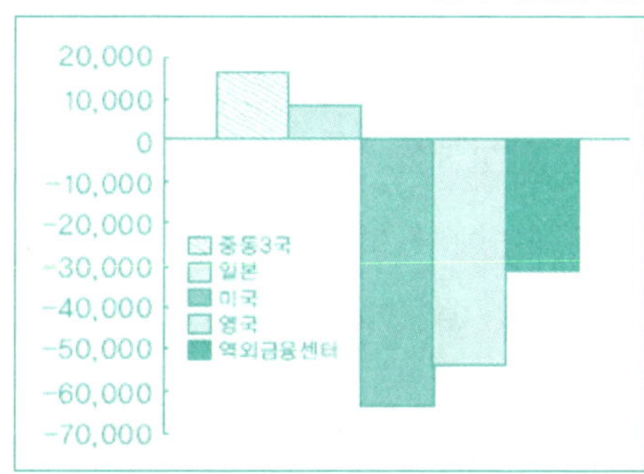

우리나라에 투입된 중동지역의 자금규모는 크지는 않지만 다른 외국자본과는 차별화되어 유입되고 있다. 2007년에는 외국인의 매도와 기관의 매수 형태가 상반되어 나타났는데 중동자금은 순매수를 보였다. 2007년 초부터 10월까지의 중동자금의 순매수 규모는 코스피 시장에 1조 5,710억 원, 코스닥 시장에 1,230억 원이었다. 유입자금의 크기보다 더 중요한 것은 중동자금들이 한국 증시에 긍정적인 신호를 보내고 있다는 것이다. 전체 중동자금 중 한국의 투자비중은 미미하지만, 향후 한국시장이 런던 파이낸셜타임스주가지수(FTSE)나 모건스탠리캐피털인터내셔널지수(MSCI)에서 선진국 증시로 승격된다면 투자자금의 유입 규모와 속도는 더욱 빨라질 것이다.

오일머니에서 또 하나 주목할 점은 오일머니가 자국내의 인프라 산업에 투자되고 있다는 점이다. 도로, 전선, 플랜트, 주거시설 등 다양한 인프라 시설들이 막대한 오일머니의 지원을 받아 진행되고 있는데 여기에 우리나라 기업도 다수 진출해 있다. 담수화 시설 세계 1위 기업인 두산 중공업, 석유화학 플랜트의 대표기업인 삼성엔지니어링과 GS건설, 유전 및 가스전과 관련된 현대중공업, 삼성중공업, 현대건설, 그 밖에 S&TC, LG전자, 삼성물산, 대림산업, SK건설 등 국내의 내로라 하는 기업들이 중동지역에서 그 위상을 높이고 있다. 최근 건설사들의 TV 광고에서 중동지역의 상징적인 건물과 시설의 공사 장면을 자랑스럽게 소개하는 것을 볼 수 있는데, 중동 현지에서도 한국기업의 기술능력은 높이 인정받고 있다고 한다. 따라서 이들 기업이 높은 기술력을 바탕으로 제2의 중동건설붐을 일으킬 경우 관련 기업들의 이익이 증가하여 주가에도 좋은 영향을 끼치게 될 것이다.

중동지역은 향후 글로벌 경제의 큰 손이 될 가능성이 높다. 천연 자원이 가지고 있는 부가가치와 지역적 특성 등으로 인해서 막대한 오일머니의 유입이 기대되기 때문이다. 이런 오일머니의 자금은 국가의 부를 키우고 국제적인 위상을 세워주는 역할을 한다. 물론 자국경제를 부흥시킬 것은 말할 것도 없다.

2007년 11월 글로벌 증시는 각종 악재로 인해서 하락세를 면치 못하고 있었지만 중동지역의 증시는 연일 최고치를 경신하는 기염을 토하면서 중동 관련 기업에 투자한 펀드들은 양호한 수익률을 거뒀다. 현재 국내에서도 간접상품을 통해 중동증시에 투자할 수 있는데, JP모건, NH-CA, 피델리티 등에서 중동 관련 펀드를 출시하여 운용하고 있다.

유가상승분을 70달러 내외로 가정했을 때 2012년경 오일머니 규모는 12조 달러가 넘을 것이라고 한다. 이 자금은 중동지역뿐 아니라 전 세계 시장으로 유입되어 자본시장의 지각변동을 일으킬 수도 있다. 투자자들은 여기서 중동지역에 간접투자를 할 수도 있고 중동지역 개발의 수혜를 입는 기업에 직접투자를 할 수도 있다. 또한 오일머니로 수혜를 받는 지역에 직접 및 간접투자를 할 수 있다. 그만큼 한국기업의 위상과 우리나라 펀드시장도 커졌다는 의미다. 향후 글로벌경제의 이해와 투자의 황금열쇠가 될 세계의 큰 손 오일머니를 눈여겨 보라.

부록

2007년 4월 24일자 미국 텍사스의 지방일간지인 〈뉴스트라뷴 (newstribune)〉 재미난 기사가 실렸다. 100세에 이른 할머니의 장기투자에 관련된 이야기였다. 린덜 스코트 레셀이라는 할머니는 1950년에 친구의 추천으로 시애틀에 위치한 미국의 메인랜드와 알래스카를 오가는 화물선 보험회사인 세이프코 홀딩스(Safeco Holdings)의 주식을 사게 되었다. 당시에 할머니의 가족들은 시애틀에 거주하고 있었을 때이므로 그 회사에 대해 알고 있었고 좋은 투자 기회라 생각을 하여 주식 152주를 주당 315달러에 사서 주식을 신발상자에 보관했다.

그로부터 57년 정도가 흐른 뒤에 그 주식들은 100세를 앞둔 할머니를 부자로 만들어준 일등 공신이 되었다. 57년간 9번의 주식 분할과 배당을 통해서 152주의 주식은 1만 7,280주로 늘어나서 36만 5,000%의 수익률을 기록하였다. 중간에 주식 브로커들이 여러 차례 주식을 팔 것을 권유하였지만, 할머니는 회사에 대한 믿음으로 신발상자에 주식을 계속하여 보관했던 것이다.

장기투자의 화려함이 증명되는 장면이다. 장기투자에 관해서는 다양한 의견들이 많다. '장기투자는 진정으로 주식에 물려본 사람들이 자기의 투자 방식을 미화시키는 투자 전략'이라는 맹비난부터 시작하여, '등락이 심한 주식시장의 특성에서는 장기투자의 성공 확률이 가장 높다'라는 적극옹호론까지 다양하다.

양쪽 의견 모두 틀린 부분이 없다. 장기투자를 추구하는 투자자들 중에는 자발적으로 장기투자를 추구하는 사람도 있지만 비자발적인 장기투자자들도 상당수 있다. 따라서 장기 투자 전략도 다양한 투자 전략 중에 하나로 인식을 해야 한다.

필자의 경험으로 보았을 때 소문이나 주변의 권유에 의해 투자를 하는 '친구 따라 강남 가는 투자자' 유형과 어설픈 회사 가치 분석과, 애매한 기술적 분석을 통해 투자를 하는 '짬뽕과 자장면을 섞어 놓은 짬자면과 같은 투자자' 그리고 본인이 투자 대상에 대한 내용을 꽤 뚫고 있으며 시간에 투자하는 방법을 아는 '장기투자자'를 비교해 보았을 때 장기 투자자의 성공 확률이 높다.

하지만 장기투자자는 종착점에 도착해서 웃음을 짓는 유형이기 때문에 중간 중간에는 친구 따라 강남 가는 투자자들과 짬자면 투자자들에 비해 수익률이 뒤처질 때도 있으며 때로는 온갖 유혹이 손짓하기도 한다.

한국에 있어서의 장기투자는 어떨까? 국민주였던 포스코의 장기투자 성공 사례부터 시작하여 펀드 투자에 이르기까지 잘 알려져 있지 않지만 의외로 장기투자의 성공의 열매를 맛본 사람들이 많다. 국내의 모 언론에서 국내의 대표적인 펀드의 투자 기간별 투자자의 수익을 조사한 적이 있다. 2001년 7~9월과 2005년 1월 가입한 707명의 펀드 투자 수익률을 추적하여 조사한 것이다. 동 기간 해당 펀드의 3년 수익률은 152%가 되었는데, 3년 전 가입자 538명 중에 이 수익률을 다 챙긴 사람은 20명(4%)에 불과 한 것으로 나타났다. 수익률 100% 이상을 챙긴 사람도 43명(8%)에 불과하였다.

[표 부록-1] 국내 D펀드의 기간 별 투자 수익률 (08년 2월 기준)

투자 기간	투자 기간에 따른 수익률
1년 미만	20%
1~2년	38%
2~3년	57%
3년 이상	76%

수익률이 152%가 난 펀드에 투자를 하고도 손실이 난 투자자의 투자 기간을 조사해 보면 평균 242일 미만으로 투자한 사람이고, 수익률이 20% 미만인 사람의 평균 투자 기간은 310일인 것으로 나타났다. 펀드 투자의 다양한 변수들이 수익률에 영향을 준다는 것을 감안하더라도 동일한 펀드로 152%의 수익을 거둔 사람과 마이너스

의 손실을 보게 된 사람의 가장 큰 차이점은 시간에 투자하지 못했다는 것이다.

장기투자자들이 수익을 취하는 구조는 단순하다. 투자할 자산의 가치를 평가하고 투자를 실행한 후에 시간을 가지고 기다리는 것이다. 그런데 투자 실행 이후의 과정을 살펴보면 특이한 점을 볼 수 있게 된다. 투자 기간 중에 시장의 움직임은 지속적으로 상승하진 않는다. 중간에 하락시장도 있을 것이고 조정기간도 거치게 된다. 개인투자자들이 투자에 실패를 가장 많이 하는 시기가 바로 이런 하락시장과 조정기간이다. 이 시기에는 자산의 가격이 급속도로 하락할 수도 있고 손실이 발생할 수도 있다. 심리적으로 가장 많이 흔들리는 시기인 셈이다. 장기투자자라고 예외는 아니다.

시간을 길게 놓고 본다면 이런 하락시기와 조정시기의 자산 가격 하락이 있더라도 수익률이 상승할 가능성이 높다. 그 이유는 하락시기와 조정시기도 있지만 상승시기도 있기 때문이다. 중요한 점이 바로 이 부분이다. 장기투자자가 수익을 낼 수 있는 가장 큰 이유는 시장의 상승시기를 하나도 놓치지 않고 본인의 수익으로 취할 수 있다는 점이다. 하지만 단기 투자자나 본인의 투자에 대한 믿음이 없는 투자자의 경우 이런 시장의 상승시기를 놓칠 확률이 매우 높다.

옆의 직장 동료가 주식을 사라고 권유해서 샀는데 하락할 경우 투자자 자신도 이 회사에 대해서 잘 모르고 남의 말만 듣고 샀기 때문에 주식을 팔 수 밖에 없다. 이때 이 투자자는 하락 시기 이후의 상승시기에 전혀 혜택을 볼 수가 없게 된다(사실 주변의 권유로 주식 투자를 하는 사람들의 투자 종목은 대부분 단기 급등 예상 종목이고, 이런 종목의 경우 회사 가치가 형편 없는 경우가 다반사이다).

시장은 그 누구도 예측할 수 없다. 'Only God knows', 즉 신만 이 알 수 있는 영역이기 때문이다. 만에 하나 시장을 예측 할 수 있는 투자자가 있다면 이 사람은 결코 이 비법을 공개하지 않으며 사람들 앞에도 나서지 않을 것이다. 이 비법이 공개되는 순간 모든 시장 참여자들이 그 비법을 동일하게 적용시키기 때문에 그 순간 비법의 가치는 없어지게 된다.

그 누구도 시장을 예측하기 힘들기 때문에 바닥에 사서 꼭지에 파는 것은 무척 힘든 일이다. 오죽하면 증시 격언 중에 '무릎에 사서 어깨에 팔라' 라는 말이 있겠는가? 그런데 단기 투자자의 경우 바닥을 잡지 못하기 때문에 시장의 상승의 혜택을 전부 누릴 수 없다. 일부를 누릴 뿐이다. 이렇게 되면 단기적인 수익은 날지 모르지만 수익률 자체는 줄어 들게 될 확률이 높다.

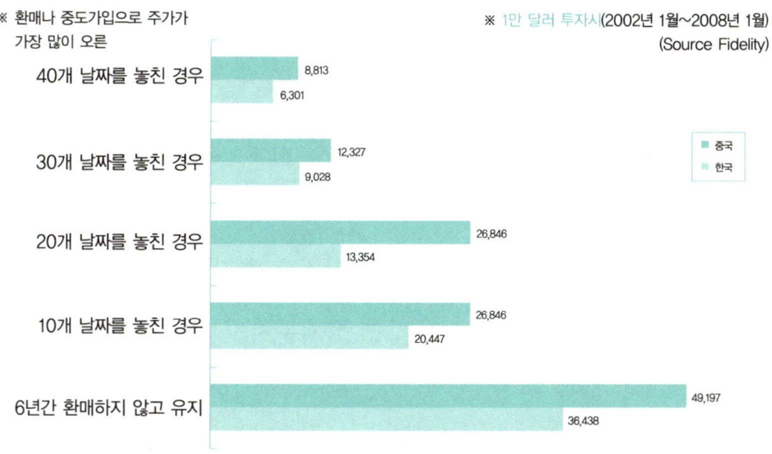

2002년 1월에 1만 달러를 각각 중국과 한국에 투자하였다고 가정을 해보자. 앞에서 언급한 대로 장기투자자의 성공의 원천은 시간을 길게 가져가는 것도 있지만 더 중요한 것은 그 긴 시간 안에서 발생하는 시장의 상승시기를 놓치지 않고 모두 수익으로 향유하는 것이라고 하였다. 따라서 투자자가 환매가 중도 가입으로 인하여 주가가 가장 많이 오른 날을 놓쳤을 경우 수익률이 어떻게 변하는지 살펴보자.

환매나 중도가입으로 인하여 주가가 가장 많이 오른 40개 날짜에 투자를 못하고 있었을 경우, 1만 달러를 한국 시장에 투자한 투자자는 6,301달러의 자산이 남게 된다. 손실이 난 것이다. 마찬가지로 주가가 가장 많이 오른 30개의 날짜를 놓친 경우에도 투자 자산은 9,028달러로 역시 손실이 나게 된다.

하지만 손실 폭은 줄어들었다. 주가가 가장 많이 오른 10개 날짜를 놓친 경우에는 1만 달러를 투자하였을 시에 2만 달러를 찾을 수 있다. 마지막으로 2002년 1월에 1만 달러를 투자하여 2008년 1월까지 6년간 환매를 하지 않고 유지한 장기투자자는 한국의 경우 3만 6,000 달러를 찾을 수 있고, 동 기간 중국 시장에 투자한 사람의 경우 1만 달러 투자 금액을 5만 달러로 찾을 수 있다. 투자 기간 동안 주가가 가장 많이 오른 날짜를 얼마나 놓치느냐에 따라서 투자 원금이 손실이 날 수도 있고 반대로 몇 배로 불어날 수도 있는 중요한 변수가 되는 것이다.

장기투자 전략은 여러 가지 투자 전략 중 하나일 뿐이다. 수익률 차원이나 위험관리 차원에서 본다면 장기투자보다 더 나은 전략도 있을 것이다. 하지만 장기투자의 매력은 개인투자자가 투자 기간 중에 큰 노력을 들이지 않아도 된다는 것이다. 다른 투자 전략, 특히 헤지 펀드 등에서 활용하는 차익거래(arbitrage), 이벤트 드리븐 (event driven), 글로벌 매크로(Global Macro), M&A 등의 다양한 전략들은 화려한 만큼이나 난이도가 매우 높다. 이런 전략들을 활용할 수 있는 인력 또한 금융계에서는 소위 상위 1%나 가능한 일이며 실제로 이들 상위 1%들이 운용하는 헤지 펀드가 힘 없이 무너지는 경우도 많다. 장기투자는 어떤가? 투자 기간 중에 다른 어떤 액션도 필요 없고, 전략 수정이나 포트폴리오 교체 등의 시간과 노력의 투입이 필요한 부분들이 상대적으로 다른 투자전략들에 비해 매우 적다고 할 수 있다. 본인의 의지만 확고하다면 가장 쉽게 수익을 낼 수 있는 투자 전략이기도 하다.

앞에서 언급한대로 이런 장기투자를 실제로 행하는 투자자는 그리 많지 않다. 가끔 신문에 실리는 장기투자의 성공 사례를 보고 감탄하면서 '그래, 장기투자가 해답이야' 라고 말을 하지만 뒤돌아 서면 금세 잊어버리곤 한다.

이 책의 여러 부분을 통해서 시장을 예측하는 일이 얼마나 어렵고 그 어려운 자본시장에 대응하는 우리의 투자 전략은 얼마나 미흡한지를 이야기했다. 미래를 알 수 없다면 확률상 높은 곳을 봐야 한다. 장기투자가 투자의 정석이자 해답은 아니다. 다만 개인들이 확률적으로 투자로 성공한 사례는 장기투자를 통한 경우가 많다.

자본시장은 내일도 열리고 다음달에도 열리며 내년에도 열린다.

이 책을 읽는 모든 사람들이 살아있는 한 자본시장이 문을 닫을 일
은 거의 없을 것이다. 당장 눈앞의 조급함이 투자 수익률을 갉아 먹
을 수 있다는 것을 깨달았다면 여유를 가지고 대처해야 한다. 시간
에 투자할 줄 아는 자만이 달콤한 열매를 맛볼 수 있다는 사실을 잊
지 말자.

부록 Ⅱ 도표로 보는 시장

[그림 부록-1] 세계 증시 거래 시간

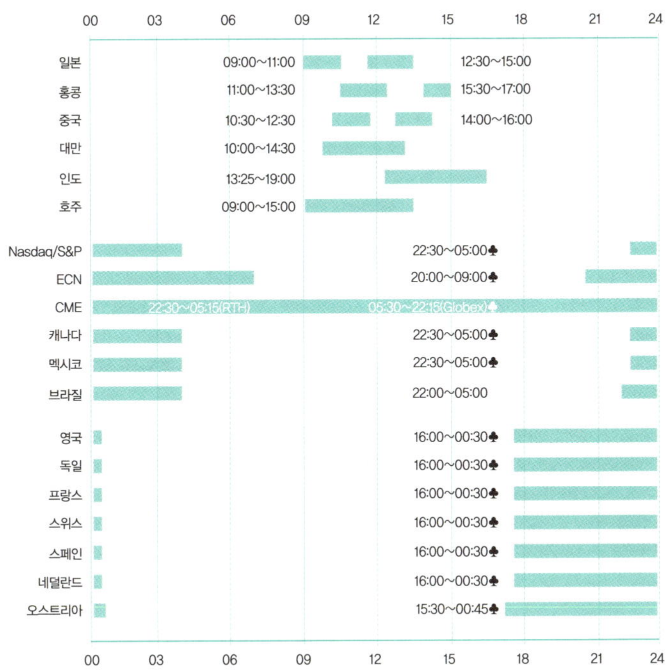

한마디

이제는 세계화라는 말이 전혀 생소하지 않다. 시장 환경에 따라서는 미국 증시가 한국 증시에 직접적인 영향을 줄 때도 있어서, 증권인들 중에는 전일 미국 증시의 결과에 따라서 아침 출근길의 발걸음이 가벼울 때도 있으며 무거울 때도

있다. 때로는 시장 개장 시간이 유사한 중국이나 일본 시장 움직임이 한국 시장

에 영향을 줄 때도 있다. 이번 기회에 다른 국가들의 증시 개장 시간도 한번 체

크해 보도록 하자.

[표 부록-3] 최근 1년간 증시 수익률 상위 국가들

2007.1Q	2007.2Q	2007.3Q	2007.4Q	2008.1Q
중국 심천종합(49.98%)	중국 상해B(43.41%)	중국 상해종합(45.32%)	사우디(42.67%)	쿠웨이트(13.78%)
베트남(42.51%)	중국 심천종합(30.53%)	중국 상해B(44.07%)	두바이(40.15%)	오만(11.81%)
중국 상해B(36.64%)	페루(30.36%)	중국 심천종합(42.19%)	요르단(31.28%)	이집트(7.66%)
페루(33.16%)	중국 심천B(28.29%)	홍콩 H(41.80%)	오만(29.33%)	파키스탄(7.46%)
중국 심천B(20.92%)	홍콩 H(24.80%)	홍콩 HSCC(40.40%)	이집트(21.43%)	요르단(7.30%)
중국 상해종합(19.01%)	헝가리(23.51%)	불가리아(31.03%)	카타르(19.70%)	멕시코 IPC(4.66%)
폴란드(14.11%)	카타르(23.31%)	홍콩 항셍(24.66%)	인도(17.33%)	멕시코 INMEX(3.59%)
말레이시아(13.74%)	파키스탄(22.19%)	인도(18.02%)	인도네시아(16.39%)	남아공(2.17%)
파키스탄(12.26%)	홍콩 HSCC(20.26%)	중국 심천B(16.20%)	러시아(10.56%)	대만(0.78%)
터키(11.62%)	한국 코스피(20.04%)	터키(14.76%)	포르투갈(8.27%)	카타르(-0.27%)

한마디

최근 들어 중동과 아프리카 지역들이 강세를 띄고 있다. 이들 국가들의 공통

점은 자원 부국이라는 점이다. 중국, 인도 등의 신흥국가들의 고도 성장은 자원

부국들에게 다시 새로운 전성기를 열어 줄 가능성을 높여주고 있다. 자원 없이

는 성장이 제한적이며 성장 없는 자원은 무의미하다. 이들 둘의 관계를 눈여겨

살펴보도록 하자.

[표 부록-4] 중국 주식 시장

구분	상해거래소		심천거래소		홍콩거래소	
	A주식	B주식	A주식	B주식	메인보드	GEM 시장
외국 개인 투자가능 여부	×	○	×	○	○	○
거래화폐	위안화	미달러	위안화	홍콩달러	홍콩달러	
최소매매량	100주 단위				종목별 상이	
일 가격제한폭	일반종목 : 상하 10%, 관리종목 : 상하 15%				없음	
매매시간(한국시간)	오전장 : 10:30~12:30 오후장 : 14:00~16:00				오전장 11:00~13:30 오후장 : 15:30~17:00	
결제일	×	매수 : T+4매도 매도 : T 매수	×	매수 : T+4매도 매도 : T 매수	매수 : T+3매도 매도 : T 매수(재매수 가능)	
종목코드		6자리(9*****)		6자리(2*****)	4자리	

한마디

최근에는 해외 직접 투자가 본격화되고 있다. 과거 해외 투자 1세대는 자발적인 해외 투자라기보다는 외국계 기업의 한국인들이 우리사주로 받은 주식들을 매매하는 방식이었는데, 2005년 전후의 해외 직접 투자 2세대들은 자발적인 의지로 인해서 투자를 하게 되었다. 중국은 해외 직접 투자처의 대표적인 곳인데 중국은 1국가 2체제를 운영하고 있다. 중국 본토와 홍콩을 우리는 다 같이 묶어서 보지만 실제로 본토와 홍콩은 다른 시장이라는 것을 기억해 두자.

[그림 부록-2] 지역별 도시화 비율 추이 (1950~2030년)

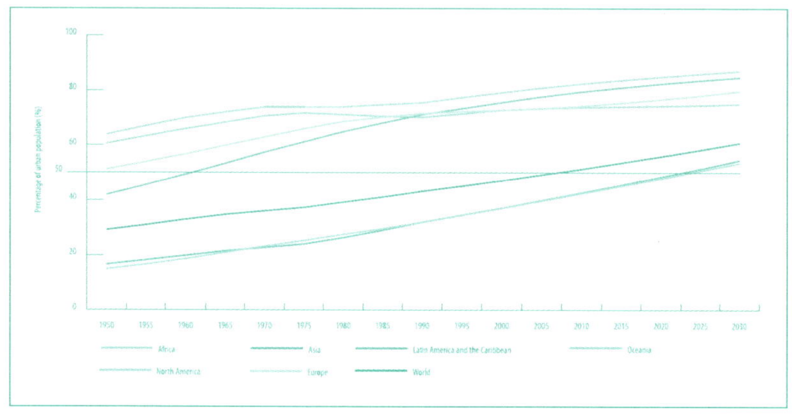

한마디

다들 예측하고 있지만, 누구도 크게 신경 쓰지 않는 도시화 문제가 빠른 속도로 이뤄지고 있다. 2007년~2008년에 걸쳐서 인류 역사상 처음으로 도시인구가 비도시인구를 앞지르게 되고, 전체 지구 인구 중에 절반 가량이 도시 생활을 할 것이라고 한다. 이들 도시화율을 높이는 주요 지역은 아프리카와 아시아가 될 것으로 예측하고 있다. 도시화가 진행될 경우 인프라 관련 산업은 커지고 농산물의 생산량은 줄어들 가능성이 있다. 환경 오염 문제도 더욱 심각해질 것이며 에너지 이슈도 부각되고 교육, 범죄, 의료 등의 시장에도 변화가 있을 것이다. 이들 변수 모두 새로운 투자 기회가 될 수 있다. 국내에도 도시화와 관련된 직접 및 간접 투자 자산들이 있다.

한마디

다우존스와 SAM 그룹은 지속가능 경영 수준 상위 10% 종목을 선별하여 다우존스 지속 가능성 지수(DJSI)를 발표하고 있다. 이 지수의 과거 수익률을 비교해 보면, 세계 대표 지수보다 꾸준히 높은 수익을 낸 것을 알 수 있다. 지속 가능성 지수는 쉽게 말해 윤리적 기업, 정도 기업, 환경친화 기업, 투명한 기업 등 기업이 장기적으로 생존하면서 사회적인 지지를 받고 있는 기업들을 모아서 지수화한 것이다. 이 지수의 성과가 훌륭하다는 의미는 좋은 기업은 그렇지 않은 기업보다 장기적으로 생존이 가능하며 기업의 이익이 증가하고 이런 부분이 주가에 반영되어 주가는 상승한다는 기본 원칙을 재확인 시켜주는 것이다.

[표 부록-5] 〈포춘〉 선정 글로벌 500대 기업 중 자원 기업의 수

업종	2001	2003	2005	2007
석유	20	26	32	39
광산/원유 채굴	7	4	6	11
식량생산	4	3	3	3
합계	31	33	41	53

한마디

〈포춘〉지에서 선정하는 글로벌 500대 기업에서 자원관련 기업들이 차지하는 비중이 증가하고 있다. 자원 기업들 중에는 자료 공개를 하지 않아서 이들 데이터에 포함되지 않은 기업도 있다는 것을 감안하면 해가 갈수록 차지하는 비중이 커지는 것을 알 수 있다. 자원 부국과 자원 기업이 새로운 투자 이슈로 부각 될 수 있을 것인가?